THE ASTONISHING POWER OF EMOTIONS

情绪的惊人力量

[美] 埃斯特·希克斯　杰瑞·希克斯　著
钟玉玲　译

光明日报出版社

图书在版编目（C I P）数据

情绪的惊人力量 / (美) 希克斯 (Hicks,E.) , (美) 希克斯 (Hicks,J.) 著 ; 钟玉玲译 . -- 北京 : 光明日报出版社 , 2015.2（2024.6 重印）

书名原文 : The astonishing power of emotions

ISBN 978-7-5112-7715-2

Ⅰ . ①情… Ⅱ . ①希… ②希… ③钟… Ⅲ . ①情绪－自我控制－通俗读物 Ⅳ . ① B842.6-49

中国版本图书馆 CIP 数据核字 (2015) 第 006129 号

版权登记号：01-2014-6839

情绪的惊人力量
QINGXU DE JINGREN LILIANG

著　　者：〔美〕埃斯特 · 希克斯 杰瑞 · 希克斯　　译　　者：钟玉玲

策　　划：双螺旋文化　　责任校对：傅泉泽
责任编辑：杨　茹　　责任印制：曹　净
特约编辑：唐　浒　申　海　　特约技术编辑：刘桂云

出版发行：光明日报出版社
地　　址：北京市西城区永安路 106 号，100050
电　　话：010-63169890（咨询），63131930（邮购）
　　　　　010-63497501，63370061（团购）
传　　真：010-63131930
网　　址：http://book.gmw.cn
邮　　箱：gmrbcbs@gmw.cn
法律顾问：北京市兰台律师事务所龚柳方律师

印　　刷：固安兰星球彩色印刷有限公司
装　　订：固安兰星球彩色印刷有限公司
本书如有破损、缺页、装订错误，请与本社联系调换，电话：010-63131930

开　　本：145mm×210mm
字　　数：130 千字　　印　　张：8
版　　次：2015 年 5 月第 1 版　　印　　次：2024 年 6 月第 4 次印刷
书　　号：ISBN 978-7-5112-7715-2

定　　价：45.00 元

目 录

前言

跟随内心的指引

杰瑞·希克斯

“真好,对于那些追求更加美满生活的人而言,这真是一本好书!”埃斯特在为这本新书定稿的时候,忍不住发出由衷的赞叹。这是我们最新出版的亚伯拉罕灵修书:《情绪的惊人力量》。埃斯特和我[①]一起撰写、出版书籍已经有将近20年的时间了,以往,她都只是简单地问我说:“你觉得这本书怎么样?”而这次,她第一次对我赞美道:“这真是一本好书!”

在我们过去出版的一系列亚伯拉罕灵修书籍中,我认为这本书最具创新意义,最能为读者的心灵点燃希望之光。与此同时,或许有些读者会觉得书的内容较以往的艰涩难懂,有些理念过于前卫而令人难以理解;反之,也许会有另外一部分读者觉得书中传达的信息过于简单,甚至存在不合理的地方。

---

① 杰瑞和埃斯特夫妻档是亚伯拉罕灵修团体的领导人,倡导分享爱、接纳、智慧的观念,帮助人们探寻生命的意义,连结内心的自我,提高自我的价值。两人每年在全美超过60个城市举办工作坊,著作都登上了各畅销书排行榜。

我写这篇序言的用意就在于此:我希望能给读者一些指引,摆脱那些“过于复杂”或者“过于简单”的想法,从而能体会到,这是一本具有实用意义的灵修书,一切所谓“前卫”的概念和信息,你都能马上付诸实践,实现自我价值,为他人作出更有意义的贡献。

此刻,倘若有人告诉你以下这些事情,你的心头会否有一丝颤动?

你的人生有一个目标,它将为你带来更多的喜悦,而衡量人生成功与否的真正标准就在于你是否感到快乐。

生命的本质在于自由,它不仅伴随你的生命而来,也将守护在你此后的人生路上,你拥有选择自己思维模式的自由。每当你脑海中浮现一种想法,它就能给你带来正面的能量,令你心旷神怡、神清气爽,你就能实现人生的目标,使自我的存在价值、心灵修养得以提升,乃至对获得幸福美满的生活都有莫大的贡献。

你心中所谓牢不可破的信念,实质只是由一连串萦绕心头、挥之不去的瞬间念头聚集而成。从你来到人世之日起,你的想法和沉积而成的“信念”大多受前人思想的左右。

其实,你的人生经验是由你的思维模式决定的,而你日积月累的思维模式将在往后的年月里不知不觉地成为“事实”,这就像我们日常所说的:“美梦成真”、“因信而立”、“思考致富”、“物以类聚,人以群分”、“种瓜得瓜,种豆得豆”。

如果这些说法真的给你带来兴奋、惊讶和触动,那么,你是否想要亲身验证它们的真实性呢?你是否想要更深入地思考和理解其中某些说法呢?在把说法转化为实际行动的过程中,你是否或多或少地受到鼓舞呢?

也许有人在阅读这些文字的时候，会产生一种似曾相识的感觉，仿佛记忆里、内心深处封存的一些想法被唤醒了。如果你确实有这种感受，那么请不要犹疑，运用书中的理念，给你的生活注入新的动力，不仅释放出内心真实的自我，也活在当下，追寻生命中真正的价值和目标。

你所谓的良知，是前人灌输给你的观念，用以判断事件黑白，分辨是非对错。而这种由外界强加的观念并不可靠，一旦出现对你的信念影响甚大的人，你就会改变现有的这些观念。

众所周知，我们迥然不同的性格和良知，无时无刻都受到了前人的左右：恐惧，赞美，告诫，甚至是承诺式的奖赏和威胁式的惩罚。因此，有些人不得不通过操控他人而克服心中的恐惧，有些人为了抚慰自己的良知，只好向我们的下一代灌输“让良知指引你前行”的观念，甚至连知名的迪士尼动画主角小蟋蟀[①]也是这样说。

然而，国家的统治者、领导人，我们的老师和父母都来自不同的文化、社会和宗教背景，他们都试图将各自的信念体系灌输给下一代。我们却发现自己所处的世界里，充满了各种矛盾互斥的观念，这甚至引发了连年的战争，人们生活在互相残杀的火海里。我们的良知也早已迷失其中，分辨不出应该跟随谁的指引，分辨不出哪一套思维、信念和良知体系才能教我们看清是非黑白。

当下，你是否会掩卷沉思，扪心自问：到底应该遵循哪一套思维、信念和良知体系的指引，方能找到判断是非的自我价值？其实，本书已经给出了答案——**跟随自己内心的指引**。

---

① 小蟋蟀是动画《木偶奇遇记》中的角色，性格正直忠实。

如果人生的目标是为了寻找让自己获得更好的方式……

如果想法等于信念，信念又等于感觉，因而感觉又等于经验……

又如果，根据“吸引力法则”（即是同性相吸法则），我能通过改变思维模式来改变经验……

那么，我要如何才能确保自己的这些想法和信念最终都能把我送到幸福的彼岸呢？

这本书有众多与众不同的地方，最根本的，还是要回答这个问题，而答案却是显而易见的：我要跟随自己内心的指引。

这些亚伯拉罕的灵修书，是为了那些不断追求美好生活的人而写的。它不是神仙水，并不能治疗或拯救世界——实际上我们的世界并没有任何损伤，根本不需要任何拯救。但它能帮助你获得永无止境的幸福和快乐，创造一个自己真正想要的圆满人生，同时也协助他人创造他们想要的生活。

无论现在的感觉是如何的美妙，你还是想要更多；无论你当下如何享受这美妙的时刻，你还是想要更多。这就是世界繁衍生息、循环不断的终极真理：更多！要更多！还要更多！更广泛地开拓，更尽情地展示，更深入地探索，更丰富地渴求，过上更美满的人生！

我们美丽的星球栖居了数十亿人，每一个人都在追求更加舒适的生活方式，每一个人都在不断追寻更美好的人生。你与我，她与他，每一个人都是独立的个体。任何时刻，我们都能自由选择，是接受人性对幸福的召唤，还是拒绝？此时此刻，还有数十亿人和你一起面临这个抉择。富饶无垠的宇宙能满足我们的一切需求，除非我们将自己封锁，拒绝接受。

与其他的书籍相比，本书旨在以独特的方式，全面阐释亚伯拉罕教义的精神。然而,这一切也是建立在坚实的思想基石之上,同样是回答我们自1985年以来陆续收集到的上千个提问。

现在,你或许要问了,到底谁是亚伯拉罕?让我这样描述它:一种不可言喻的无形力量。这个团体是极具智慧和无限爱心的精神导师,教我体验到如何把宇宙万物的本质法则实践于生活中。在我的人生际遇里,他们对世界的爱是最纯洁、最无条件的。

亚伯拉罕,以某种形式,如接收器一样,向埃斯特传达了思维模式,而不只是用简单零散的词语回答我们提出的问题。他们从来不会把自己的观点强加在别人身上——他们只是帮忙解开我们的困惑。

如译者将一段西班牙语的篇章翻译为英语一样,译者传达的不仅仅是词句,更重要的是要传达原作的内涵,埃斯特用自己的母语——英语,把亚伯拉罕难以用言语诠释的思想传播到读者之中。尽管我完全不了解埃斯特是如何做到的,但是这20多年来,我一直都在享受这过程中的每分每秒,因为这不仅仅是个人修为的圆满,更为重要的是,能见证亚伯拉罕的精神是如何通过回答提问,给成千上万的读者带来永不止息的幸福和快乐。

从接触亚伯拉罕灵修的一刻起,我们就了解到,这些法则的核心就是亚伯拉罕灵修团体关于宇宙万物法则的讨论。(如果想获得更多关于“吸引力法则”或者亚伯拉罕教义的免费信息,可以访问这个网址:www.abraham－hicks.com)

在1985年,随着灵修的进行,我向亚伯拉罕询问有关宇宙万物法则的内容,这是人类赖以生存的最本质的内在法则,而不是人类自己创造用以控制或禁止他人行为的条规。亚伯拉罕给予我们的首要法则是“吸引力法则”。我已经记不清楚,在此之前是否听过这个法则,尽管时至今日,在我笔下,世界上极少数人没有听说过这个法则。但是我清楚地记得，第一次接触到这一法则时的兴奋和愉悦。因此，在 1985 年，我制作了《20 个特别物件》的系列录音带，记录了我向亚伯拉罕的全部提问——如何能够全方位地提升我们的生活质量。

第一卷录音带就命名为“吸引力法则”。虽然 20 年的时光匆匆流逝，但它依然伴随在我们生活的左右。虽然它只是系列录音的序篇，并且能在我们的网站上免费下载，但它依然深深地影响着我们的生活。近期，我们将 20 卷中的头 5 卷录音交给 Hay House 出版社出版成书，组成《吸引力法则》四部曲：《亚伯拉罕教义入门篇》、《关系篇》、《金钱篇》和《灵性篇》。

在往后的 20 多年间，许多参加过我们“每周课程”的作家、编剧和导演，开始感受到亚伯拉罕看待生命、自然和世界视角的独特性，尤其是“吸引力法则”，他们意识到其强大的力量和不可多得的价值。

于是，他们开始把亚伯拉罕的一些概念运用到各自的创作中。稍微地改变措辞之后，人们就冠以自己的名字来发表相关作品。当然了，偶尔也有人注明引用资料的出处。时至今日，“吸引力法则”这个词已经为人们口耳相传，深入民心，传播到世界的不同角落。不过，也许是为了规避触犯相关的知识产权法例，亚伯拉罕也在不断地改变用词，因而，即使成千上万的人对“吸引力法则”这个词已经耳熟能详了，但是大部分的人并没有从精简的版本中获得充足而明确的信息，真正把这个创新的哲理概念领悟透彻，并实践到生活中去。然而，还是有许多作家感谢亚伯拉罕给他们的创作带来灵感。埃斯特和我特别欣赏一些创意工作者，当他们通过埃斯特接触到亚伯拉罕的一些法则，激发创作的灵感之后，还能告诉他人自己初次体验到法则的价值和力量的来源。

1965 年,我首次阅读了拿破仑·希尔的经典作品《思考致富》,之后,我马上把书中的理论实践到生活中去,实在是受益匪浅。于是,我决定把《思考致富》里面的法则作为教义,以此开创我今后的事业——向世人传授我在书中学习到的真理。

我当时立下的誓言至今也没有一字一句的改变:我决心让所有和我相知的人,要么通过我们的互动交流提高领悟能力,从而改变生命质量;要么就维持现状,没有任何改变。但他们绝不会因为我而堕落沉沦。

数年之间,教授希尔的致富秘诀颇有成效,但我发现,通过学习,只有极少数的学员能取得我预期的效果,步入成功人士之列。一方面,好些学生掌握致富秘诀,渐入致富佳境,另一方面,同样有好些学生,无论上了多少堂课,依然深陷财政困局的泥潭,不能自拔。在希尔著作的前 9 页中,他指引读者去挖掘"秘密"(他提及"隐藏的秘密"这个词高达 24 次之多)。我承认,在 1965～1985 年间,我反复阅读了《思考致富》这本书不下 1000 次。但我还是不确定自己是否弄懂了他所提及的"秘密"到底是指什么。我总是觉得似乎缺少了什么东西。在这条致富公式里,似乎有一个重要的因素被隐藏起来了。于是,我开始寻找那个缺失的环节。

在不断研究和寻找的过程中,尽管我熟读了众多不同流派的哲学著作,但也只有《思考致富》才能真正地解决我所遇到的难题。然而,我到后来才发现,受限于大众市场的领悟能力,希尔并没有把自己全部的理论和体会收录到书中。更为重要的是,他原稿中的"秘密"在初版时就被删除了!

大约 3 年前,我发现了《思考致富》的未删减原稿。这个版本是由马尔文·鲍尔斯先生的 Wilshire 书局再次出版的。通过和完整版逐字逐句地仔细对比,我惊奇地发现,自己在过去 40

年间反复阅读的精简版,把原稿提及的"秘密"全都技巧性地删除了。

难怪尽管我读了无数次希尔的著作,还是找不到"秘密"所在,因为它根本不在书中! 我不想一一指出所有刻意删除的词句,但我要告诉大家一个事实:在众多被命令"消失"的词句中,"情感共振"一词被删除的次数达到 37 次(请记住这一点,稍后我将做深入解释)。因此,真相就是:希尔当时体会到的大部分"成功秘诀"都没有出版,而他试图出版的"真理"在初版时就遭到了删除。

现在,让我们一起穿越 70 年的时光隧道,体验埃斯特和我在向大众传达"真理"过程中所受到的启迪。

有一位电视制作人邀请埃斯特和我,就我们的经历拍摄一辑电视节目。她带领了一组摄制队伍登上我们其中一艘幸福探险号邮轮,围绕我们船上的工作坊进行录制,以此作为节目的重头戏。

不过,由于一连串的机缘巧合,这辑节目在澳洲电视网络公开播放之前,就录制成 DVD 对外发售,因而全球有数百万人看过这辑节目,得到了观众的强烈回响,获得了意外的巨大成功。该节目名叫《秘密》,并以发掘不为人知的"成功秘诀"作为广告宣传的噱头,吸引了观众的眼球。然而,极少数的"成功"狂热者清楚知道自己真正想要发掘的"秘密"是什么,一不小心,这个"秘密"就再度被掩埋了……这是因为,在节目播出之前,我们收到了一些公司高层下达的命令,他们要求节目中的某些词句必须删除,其中包括"情感共振"这个词。

当时,埃斯特和我都感到非常震惊。距离《思考致富》首次出版已经有 70 年的时间了,居然还有人以"保护"公众的名义阻挠"情感共振"一词走向大众。显然,一直躲在"秘密"背后的真正秘密,就是“秘密”长久地被埋藏于公众的眼皮之下。

当你了解了这一切的内情之后,难怪会产生这样的疑虑,到底经过了媒体所谓的层层审查,来到大众眼前的真相还剩多少啊？不过后来我发现,与其说媒体删除这些激动人心的创新性哲理是为了可以隐瞒“真相”,倒不如说,他们是立足于商业的考虑,顺应大众化市场的需求,从而赚取更多的利润。另外一些创作者,出于好意,为了令大众更容易接受这些“前卫”的哲理,在创作的过程中经常会对其进行淡化或改写,减轻大众的排斥感。

上周(2007 年 3 月),埃斯特和我收到了出版社的好消息,我们改编自 1985 年的录音而成的著作《吸引力法则》,在《纽约时报》畅销书排行榜跃升到了第二位。我们在 Hay House 出版社出版的首本著作《有求必应》,在过去的三年一直雄踞亚马逊网上书店畅销书排行榜百本畅销书的首位。此外,我们《吸引力法则》的 CD 有声书,上周成为了 iTunes 下载排行榜第三位。从这个月起,我们出版的亚伯拉罕教义系列书籍将会在沃尔玛、山姆俱乐部、标靶百货和好士多上架。全美将有超过一万家大型的零售卖场和书店开始售卖我们的书籍,并将继续扩展到更多的商店中去。这个月,我们更有幸获邀,与美国才华横溢、诙谐风趣的电视节目主持人欧普拉·温菲尔一起录制三辑电台节目。

你或许会问,我为何要告诉你这些呢？那是因为,既然主流大众能更容易地获得我们著作的相关信息,我们要开始通过各种书评,广泛听取主流大众对作品的意见和建议。现在我甚至开始浏览互联网上的一些书评。看到无数的读者有机会阅读到这些书籍,并从中获益,我们实在是备感欣慰。可是,在享受鲜花环绕的芬芳之时,我们也会遭到蜜蜂无情的蜇咬。一些评论指责埃斯特在“作假致富”，通过谎称自己是亚伯拉罕灵修的使者，将灵修的内涵传递给读者，骗取读者购买出版书籍的钱财。也有部分的读者声称，尽管他们相信埃斯特的确把亚伯拉罕的精神传播给他们，可是，通过学习之后，他们认为，用这种方式出版书籍是有违良知的行为……这实在是两头做人难啊，顺得哥情失嫂意。

众口难调是自然之事，凭一己之力是不能满足所有人的要求的。因此，早在1985年，我们就决定自己出版这些资料，把从亚伯拉罕接收到的全部实用信息，以回答的方式传达给提问者。

在2004年，我们准备把《有求必应》交给Hay House出版社出版之时，出版社的负责人路易斯·海尔就对相关的出版部门声明道：“我们全体的员工，在书籍出版的过程中，不得擅自篡改书中的一字一句。我们要完整地把亚伯拉罕灵修的内涵传播给世人。”

当下，埃斯特和我的快乐实在是溢于言表。我们感激路易斯和她的出版公司的好意，让这一伟大的著作能完整地面世，为世上的读者带来久旱的甘露。我们感谢所有的读者，你们的期待是对我们最好的激励。我们也感到非常兴奋，因为继续出版亚伯拉罕灵修的著作将会变得更加便利。当然了，我们最大的喜悦还是来源自传达信息和创作书籍的过程。

没有什么能让我和埃斯特感到如此快乐：为来自不同背景的人群提供一个相聚的平台，分享各自的观点见解，提出一连串难题，感受世界在这一修正调整的过程中，不断向前发展。想必这就是埃斯特和我今生的使命了。我们之所以有这样坚定的信念，是因为“这个使命给我们带来的感觉实在是太美妙了！”

序言

开启情绪的旅程

埃斯特：亚伯拉罕，你好。我想你已经知道书籍即将出版的事了，可是我还是想告诉你，在向世人传达你的思想过程中，我感受到了莫大快乐。写书、开研讨会都是令人难忘的经历。我十分享受你的思想给我全身注入能量的感觉。

我期待每日清晨，静坐片刻，借助你的精神来书写这部作品。也许，我已经找到最适宜的环境来完成这件事。对我而言，从来没有置身于比此更美丽、更舒适的环境了。万事顺心，气定神闲，最近我内在修为的提高，得益于与你进行的关于生命之流——顺流、逆流——的讨论。

千言万语，尽在不言中。在开启新的旅程之前，我希望借此机会，向你表达我对你的爱戴之情。我享受和你工作的过程，我愿意把这种快乐永远延续下去。

亚伯拉罕：埃斯特，这实在是一个美妙的过程，你说不是吗？我们还有数不尽的著作需要传达给世人。你，杰瑞，还有你们生活的现实世界向我提出了不少问题，而这本书，就像是一个贮物盒，保存了一切的灵感和共振，已经准备好为你提供答案。

我们知道，在经历过风风雨雨后，你能时刻准备接收我们的信息，但目前，随着讨论的深入，你身上的使命感比往常还要强烈许多。众人想要的答案都已经给出了，不过，要完全吸收、看见和领悟到这些信息，你就必须无条件地与之进行"共振配对"。

这是一个微妙的结合过程，释放现世的触角，融入到共振的体会；同时，保持对现世的敏锐，接收并传达我们的信息，给世界带去浅显易懂的哲理。要达到这两者的平衡，就要求你充分利用自己遇事沉着、分析透彻的天赋。

好吧，现在就让我们一起开启情绪之旅。

第一部分

发现情绪的惊人力量

第一章

为我们的到来而庆祝

花花世界，曼妙人生，匆匆几十年的时光已在指间溜走不少。此时此刻，请你跟我们一起，张开双臂，拥抱这个世界。也许你会感到诧异，但不要怀疑，让我们一起携手共进，擦亮双眼，放开怀抱，重新认识这个世界，珍视自己的身体、自己生存的价值！

走到人生的这个阶段，我们了解你所经历过的酸甜苦辣。你或许会因生活的种种而活如井底之蛙，只窥见天空中阴霾的一角。而我们就是要带你走出困境，体验更广阔的天空、生活中前所未有的美好，呼吸空气中鲜花的香气，倾听天空中飞鸟的歌唱。

在母亲给予你神圣躯体的一刻，你就开始踏上人生的旅途。这也恍如走进剧场一般，然而，入场不等于上演，人生的舞台依然空荡，属于你的精彩剧目还未开始。

你也许会感到疑惑，这根本是两回事嘛。人是带着过去的记忆走进剧场，你还是你，但婴儿降生世上时却赤裸洁白，没有带上任何回忆，你不是任何人。满载昨日的你，走进今日的剧场，期待明日的好戏，对你来讲，这只是时间蔓延的进程。这蔓延的时间淹没了你的五官，你完全没有意识到。自你走进剧院的一刻，新的人生之门已经在为你开启，一部全新的人生之剧将要上演。

因此，我们希望能够帮助你擦去心灵明镜上的尘埃，让你看清楚你自己。真正的自己，之所以成为你，不是从出生的一刻开始注定，你的人生之路也不是从那时开始。沿着时间的脉搏，我们要唤醒灵魂深处沉睡的你，打开往昔封存的记忆，定格此刻将逝的时光，用更广阔的视野发掘真正的自己，寻找这个美丽躯体的生存意义。

你也许会感到疑惑，走进剧场的是已经拥有七彩人生的成人，能用言语自由表达自己，用行动证明自己，实现自己的目标，而初生的婴儿却天真懵懂如白纸。我们完全能理解你灵魂深处的这种种躁动与不安。可是，请你相信，入剧场的瞬间，灯光下的舞台将为你提供了一个机会，令昨日的你重新演绎自己明天的人生高潮。

当真我的灵魂被唤醒，你才能真正打开身体的每一个细胞，享受生活。擦干眼泪，重新出发吧，跟随心的指引，你将走向更灿烂的人生。

◎ 希望之光 ◎

我们从你的视角出发，帮助你看清自己，找寻新的人生。现在，你也许迷惘，不要担心，我们会点燃明灯，照亮你的人生。最终，你也能为自己点亮生活的前路。

在书中的这一部分，我们会展现你我观点的不同，阐述其中的联系。当然，我们不能把观点强加于你。然而，若你带着信任和孜孜不倦的探索心，深入到字里行间，思考文字背后的意义，书页在指尖飞舞的同时，我们会为你架起一座桥，让你到达彼岸，看到我们为你展示的新世界。字句再激动人心，也不能改变你的思想，但若将这些字句与你缓缓打开的人生篇章结合，你终能体会到羽化成蝶的幸福；信仰和希望之光就如晨曦般，常在你的人生里照耀。

这是人生当中何等美妙的时刻！带着对生命的确信，了解到了一个完整的真我。此刻，你的心中必定非常清楚往后的人生道路要怎么样走：快乐地活出真我风采！

◎ 异彩纷呈的世界 ◎

寻找灵魂中真正的自我并不是新鲜事，但绝对是一个振奋人心的过程。从肉体的初生到灵魂重生的蜕变，会让你在异彩纷呈的世界中倍感兴奋。

最触动人心的是自由的空气和天性的快乐。五彩缤纷的世界令身体的每一个毛孔都狂喜，然而，最令你振奋的还有人性的美好和思想迸发的激情。这一切都在前方等待着你，你感到前所未有的热切，你的身体唤醒灵魂，将要栖居在这个新的世界；你感到前所未有的迫切，为其他迷失在雾中的人点亮明灯，走上新的道路。

你眼中的世界变幻无常，更无法用言语表达你满腔的热望。你不会担忧是否能适应这个新的世界，因为你知道真正的自己，不仅能融入新的环境，更能追寻人生永恒的快乐。因此，当你翻到这一页，这里说的一切都是对你有用的。

我们希望能重构你对往昔的了解，从身体和现实出发，由灵魂带领，踏上这缤纷世界里灿烂的人生旅途。

亲爱的朋友们，张开双臂，真心拥抱，欢迎来到这个新世界。

第二章
认识真正的自己

这是一次认识和发现自我的旅程,全方位地挖掘情绪的内涵价值,释放情绪的能量,了解自己的情绪,将负面情绪转化为正面能量,时刻伴随着你美好的人生。在迫不及待地踏上发现之旅的甲板之前,我们请你先到广阔的生命海洋中畅游,感受大海般深沉而永恒的生命源泉。

也许初到岸边的你会有所迟疑,生命中汹涌的波涛和嶙峋的岩石,使你对它的深不可测望而生畏。但是,请相信自己,你有能力摆脱这些恐惧。闭上双眼,张开双臂,到大海的深处寻找自我,全身心领悟大海告诉你的秘密:大海的无垠,生命的永恒,还有你内在的灵魂。你现在一定感到一种似曾相识的感觉,因为,在你生命更深、更广的层次中,你早已熟知一切。听到了吗?大海正对你如歌低诉,唤醒你的记忆:

那是一个柴米油盐的世界,
现实的世界;
那是一个悲欢离合的世界,
你的世界。
还有一个海市蜃楼般未知的世界,
看不清,道不明。

但，那是个真实的世界，
纯洁无邪，活力四射。

在你的潜意识中，你的生命早已绽放在那个海市蜃楼般无形的世界里，你触摸，你感受，你思考。而在那个柴米油盐、悲欢离合交集的现实世界中，躲在墨镜背后的你，小心翼翼地检视自己的喜怒哀乐，观察这世界的人生百态。而在那个海市蜃楼般的世界，没有肉身束缚，你可以自由翱翔，任意漫游。你热爱百花怒放的姹紫嫣红，你醉心硕果缀枝的甜蜜芬芳，你聆听小鸟清脆的歌声，你抚摸枯树龟裂的干皮，你边走边看，你边思索边想象。这是个永恒的世界，如河水般永远向前奔腾扩张的世界。这是个给你力量，塑造你灵魂的世界。

你的灵魂初生，你的灵魂成长。你的灵魂带着你所有的思索，穿上肉体的外衣，行走于阳光下，生活在现实的世界里。你是家里的好孩子，你是学校的好学生，你是老板的好员工，你还是爱人的好伴侣。你是他人眼中的你。那当初的你呢？真实的你呢？灵魂深处的你呢？已经随风而逝了，还是随烟雨消散了？不，它还在，它还在这里。意念生于脑袋，意念是意念，脑袋是脑袋。灵魂催生肉身，灵魂是灵魂，肉身是肉身。你的灵魂是摇篮，孕育了你的肉身。当灵魂将思维和意念传达给你的母亲，就会产生情感的共振。这种共振会在你母亲的子宫里为你的诞生布置新床，为你输送思想的养料，向你补充意念的营养，你的肉身成了灵魂栖居的新家。你的肉身在母亲怀内嗷嗷待哺，在灿烂的阳光下茁壮成长，你的灵魂也与你一起迎接风霜雨露。

此时，你也许明白，还有真我做伴的你并不孤单。它给你力量，尽管前方荆棘满路，它也伴你前行。你的人生抑或有鲜花掌声，抑或有恶言，高低起伏，实在是不一而足。当灵魂与肉身携手向前，方可排除万难，画出最耀眼的彩虹。

你明白了吧，我们将要为你书写的是一次认识自我的旅程。寻找情绪释放的出口，捕捉情绪惊人的力量，这样你才能了解真正的自己，了解自己的灵魂。

◎ 与真我携手 ◎

你有否惊讶于这两个“你”，肉身的你和灵魂的你？你是否想更加深入地了解这两个“你”，外在的你和内在的你？花开两朵，各表一枝。两花烂漫时，内在的你，是花的根，是生命的源泉，是花的精，是你的灵魂。花的芬芳不是幻觉，花的艳丽不是虚假，你感受到的是切切实实的生命本质——真我。

当真我的意识投射到你的肉身，你就来到了世上。此时此地，每分每秒，于芸芸众生之间活着，呼吸着现世的空气，思索着生活中种种的困惑。繁星见证，流水见证，你活着，真实地活着。而你的命运，枝头的另一端，也和你一起，在枝头怒放。

你活着的世界，有一花一草，有一沙一石。这个世界不只是灵魂的躯壳、肉身的家园，它是那海市蜃楼般无形世界以及生命本源最广袤的延伸。你会有喜怒哀乐、悲欢离合，独一无二的人生戏剧就此上演。现在，擦亮双眼，你是否看到了新的世界？人对前世今生总抱有懵懂的见解和绮丽的幻想，可对神灵的顶礼膜拜是人所共有的。人们眼中的神是不受肉身束缚、形态随意、完美无缺的，而人生的终极目标，就是要超越肉身，不断追求完美，终有一日与神灵共游天际。殊不知，千百年来这所谓的人生宏伟目标，只是人的一厢情愿。

因此，我们希望你能记住，穿上外衣，你的肉身就是“神”的皮囊；戴上手套，你的肉身就是“神”宽厚的双手。你就是生命的本质。借你的双手,“神”在抚摸双亲面颊的皱纹;借你的双眼,“神”在凝望儿童清澈的眼神。“神”见你所见,感你所感,“神”与你同在,共尝人生的酸甜苦辣。

也许“神”并不是真我力量最好的代名词,它勾起了太多虚无缥缈的世俗幻想,如水中花、镜中月,你更看不清其中的道理。因此,我们不愿称之为“神”。真我的力量是实在而非虚幻的,“神”不能掩埋它的光芒,它是生命的“源泉”。这生命的源泉,如叮咚的泉水,在不知不觉中缓缓地喷涌,给你力量,洗刷污垢,滋润心田。

第三章

你不知道内在的能量有多大

你内在的能量可以穿越时空，如今，来到你现世的肉身，栖居其中。你成了你，一个完整的你，在你的宇宙中漫游，小王子般守护最爱的一朵玫瑰花，探索生活中的美妙时刻。一树一花一世界，一沙一石一沧海，微风轻触落叶，潮水轻拍岸石，处处有碰撞，处处有火花。

以全部的自己，完整地感受这千变万化的花花世界。坐上树下的秋千，两条麻花辫在空中荡漾，高低起伏的快感令你面颊炽热，两鬓渗出细小的汗珠。打开你的感官，看快速变幻的风景，听耳边呼啸的风声，感受怦怦的心跳，试着伸出手，拨开天上团团乌云，接受阳光的洗礼。日复一日，年复一年，一步一脚印走出属于自己的人生路。生命在你的脚下延伸，小王子也要到地球发掘爱的奥秘，你呢，对生命有了新的认识了吗？

擦亮双眼，摄下流星划破黑夜的一瞬；侧耳倾听，记住母亲摇篮曲的一调；在茵茵草丛中捕捉泥土的清新香气，在乡间厨灶前品尝食物的美味，拥抱父母双肩，亲吻爱人额前。只有用身体才能体验世界的缤纷，才能真正地了解这个世界。无论你是用双手挖掘，还是用铁铲挖掘，你都有自己的方法在生命的花园里寻找宝藏。随着越来越多的美好事物出土，你情不自禁地想要做得更多，寻找更加美好的人生。是以管窥天？还是以蠡测海？

正是你所谓的管窥之见给自己的人生带来更广阔的无限。

读到这里，你也许会眉头一皱，这怎么成了“管窥之见”？请先别怒气上心头，你误解了生命最本质的原则。人生在世，你之所以为你，是因为你自己，你是一个独立的个体，别人不可代替；你的喜怒哀乐全部是自己的，别人无法体会；只有你自己清楚自己想要什么，想要怎么做。你的宇宙是你的。每只鸟都有自己的思维，甚至连每条鱼、每只昆虫、每个细胞都有。它们有各自独特的办法，或用羽毛，或用鳞片，或用触须来感知这个世界。今天晴朗，可能明天有雷雨，它们都在用各自的“管窥之见”，不断地适应这个世界，赶上变化的步伐。

◎ 创造自我的世界 ◎

你以自己独特的视角观察他人的生活，观察这个世界，装扮自己的小宇宙。你知道东边的围墙要种玫瑰，西边的栏杆要种朝颜。你清楚地知道心里最美的宇宙，再多的血汗，你也愿意为之付出。同时，你也知道攀援的凌霄花不在其中，你不愿为之耗费时光，蹉跎青春。岩石在河水的洗刷下方能显出真本色，你心中真正的所求，在人生的风雨过后越发明晰。某些时候人生的列车偶有出轨，露出意外的小尾巴，你就会忍不住大叫：“我不要这个！我现在知道自己真正想要的不是这个，而是……”

每个人都总有这个时刻，“众里寻他千百度，蓦然回首，那人却在灯火阑珊处。”于千千万人间寻找心中真正渴求的那朵玫瑰，看不清，找不到，直到它在你眼前的一刻，瞳孔中映出的身影让你泛出快乐的泪水。你找到了吗？看到自己的玫瑰了吗？也许找到了，也许没有，也许还在人群中碰撞。时光流逝如东去大江，两岸芦苇随风飘摇，无数的它在野花丛中笑脸灿烂，随时迸发新的火花，随时开启新的世界。

大部分人并不能意识到这个生命扩张的过程。阅读到这里，你也许依然不明就里，甚至意识不到这对你的人生的经历有何等重要的影响。但请你细想，摆脱现世的世俗思维，唤醒肉身里沉睡的灵魂，回归当初纯洁的思想，这将是多么激动人心的想法啊！生活中，没有任何的想法更能振奋人心了，你满心期待你的小宇宙不断燃烧，在不久的将来即要爆发。你的真我，你的灵魂，在出生之前就绘画好这幅辉煌宏伟的生命画卷。因此，我们再次提醒你认识自我的重要性。

◎ 求新的灵魂永不停步 ◎

你知道吗？你心中有个新的愿望在悄悄地成长，在你的小宇宙呵护之下，萌芽于电闪雷鸣之间，成长于风霜雨露之时。扔开不需要的赘物，全力争取心仪之物。你的灵魂将一路护航，守护它成长。

世界上最令人惊叹、最夺人眼球的就是其变幻无穷的创新能力。女娲用泥土造人，人用双手创造出各自丰富的人生。万事万物，生于创新。你有权利要求过上更美满幸福的生活，当然了，你也有权利拥抱接受或掉头就跑。我们之所以写这本书，就是要告诉你如何做出正确的选择。因为它将给你的人生带来深远的影响，跌宕起伏，荡气回肠。

因此，当你的肉身从母亲的体内来到这个蓝色的美丽星球之前，你的灵魂就已经懂得：

你会珍惜自己独一无二的身体，无论完美与否。

你要在是非对错之间认清自我。

唇枪舌战迸发的火花将点燃你的思想，提升你的内在修养，追寻更广袤的人生。

你内在的那个更广阔的灵魂，将全身拥抱所有的新想法，与之产生“情感共振”。

◎ 思想是先行者 ◎

蒙昧太初，万物混沌。只有思想先行。肉身所看见的一事一物皆为思想撒在地球的尘埃。待思想之花引发了足够多的共振，道成肉身，你生活的小城堡就一砖一瓦地建筑好了。

我们处于创造万物的最前端。要再回头凝望那遥远的过去似乎已经不大可能了。可肉眼所见的景象，都是千百年前一个想法或心动播下的种子。正如《吸引力法则》中所说的，你就是那蚕丝包裹的新生命，待到吸尽了日月精华，才可以破蛹而出，羽化成蝶。阳光下所有翩然起舞的蝴蝶都是这样出生的。

在人类诞生之前，现实世界早已存活于海市蜃楼般无形的网罗中。之后，越来越多的意念栖居其中，慢慢地形成了我们生活的世界……首先，漫无目的的思想，如萤火虫般飘然起舞，而后再吸引了另一只萤火虫飞来，又再来一只，无数只萤火虫就这样聚集在一起，成了太阳般的亮光，化为我们现实世界的光明。因此，你的肉身就如我们的世界一样，用肉身折射出灵魂的本源，是真我的再一次延伸。生活在你的小宇宙中，灵魂继续创造，继续发光发热。燃烧吧，你的小宇宙。

不要留恋他人的爱物，不要恋栈不属于自己的美好时光，走到镜子前，看清自己真正追求的是何物。从喑哑无光的铜铁堆中寻找出钻石的光芒，这才是提升自我的不二法则。生活中任何的见闻经历，都要经过沙漏般细心地过滤，一沙一石，一点一滴，再细小的沙石投入平湖也能泛起层层涟漪。在希望投射的过程当中，每泛起一层涟漪，你内在的真我，你生命的源泉，都在密切地关注着你的成长、你的新生，在不断延伸的天地间与之合为一体。在日新月异的生活中不断涌现新的希望，你可以公之于众，也可以暗自努力，你的内在也会随之向外泛起层层涟漪。

你所有的希望、梦想、意念、想法都将进入到新的境界，并隐藏在这涟漪中。经过了水的涵养、滋润和贮存，它们等待你重新发掘其珍珠般的亮泽。这也许需要漫长的岁月，它们在等待的同时，也在无数个夏天的夜里召唤你，召唤你的身体与之融合，渐渐塑造出崭新的你。这个新的你才是完满的你。你对这种结合的渴望源自初生时的梦想，生命的召唤纯粹而无法抵挡，它带给你的激情和热忱是妙不可言的。

现在，你面对最重要的问题是，是否愿意全身心地与真我融合，拥抱灵魂崭新而宽广的力量。先别急着回答这个问题，先闭上眼睛，聆听自己的感觉。感性的知觉而非理性的判断才是回答这个问题的关键。如果你内心的愉悦之感越发厚实，表明你已渐渐回到真我之中；如果你内心的焦虑越发沉重，表明你与真我形同陌路，不肯与之结合甚至决绝。浓浓的爱意，欢快的愉悦，还有其他让你笑逐颜开的正面能量正缓缓地流入你的心间，你已渐渐和生命中更为豁达、更为宽怀的真我相融。熊熊的怒火，强烈的恐惧，还有其他令你无端沮丧的负面能量正步步侵蚀你的心房，和真我渐行渐远，在不知不觉间，真我的背影已在眼前消失，拐角处，灵魂提升的脚印再也追不上。

第四章

你的身体像一台电视机

擦亮双眼，看清世事百态；洗净耳根，聆听世人心声。唤醒全身的细胞，感知生活的周遭事物，这有赖于五种感官的敏锐——看，听，摸，尝，闻。这是一种与生俱来的能力，不需要任何训练习得。可大部分人庸碌半生，又有多少人能明白这五种感官正是真我与世界产生共振的表现方式？

正如收看电视节目，你明白小小的电视机里并没有藏起任何小矮人。24 小时不间断为你放送视觉盛宴，实质上，源源播送的电视节目是由信号转化而来的，电视机收到信号后马上转化为影像，显示在屏幕上，这样就成了一套套精彩纷呈的电视节目。也许你大概明白我们要表达的意思了。不错，你的身体就如一泓宁静的湖水般纹丝不动，风一起，即被吹皱，石一投，即泛起层层的涟漪。你的身体就是那小小的神奇电视机，把接收到的所有信号转化为生命中一幅幅独特的影像。你的身体就是那颀长优雅的大提琴，拨动柔软又坚韧的琴弦就演奏出一首首动人的乐章。

无须长途跋涉，无须翻山越岭，求教于各路神仙抑或世外高人，你的凡胎肉眼自能看出世界不一样的美。时常扫清心中的尘埃，明镜就能照出七色彩虹。侧耳倾听，细心品尝；紧握爱人的双手，就能感受到她跃动的心；闻一闻爱人的衬衣，淡淡的烟草味道扑鼻而来,这都是母亲赋予你神圣生命之时一并送给你的礼物,连身体的每个细胞都知道如何将感官化为灿烂的生命画卷,又何须通过学习习得?

◎ 每个人都有第六感 ◎

除了日常所熟知的五种感官以外,人还有一种鲜为人知的感官——情绪感官。就像其他五种感官一样,第六感也是与生俱来的,不需要通过任何的学习习得,是一种自然而然地感受世界的能力。你不需要学习如何用眼睛捕捉日光,用耳朵挟持音符,用鼻子拥抱香气,用舌头抚摸食物,你同样不需要学习如何感受自己的情绪变化。可是,你也时常在不知不觉中,通过语言来表达对生活方方面面的感知。失恋的时候你可能会说:"我感到很受伤。"旅游的时候你也许会说:"我很快乐。"爱猫病逝的时候你或许会流泪:"我很伤心。"一人走在繁华的路上也许会说:"我感到很寂寞。"一句无心的失语伤害了陌生人,你可能会很内疚:"我觉得自己充满罪恶感。"

情绪就像是你生活的传感器,给你和周遭的人带来重要的影响。然而,只有少数人珍视自己的情绪,了解情绪的惊人力量。因而,我们要帮助你,读懂自己的情绪,解开其力量之谜:情绪是如何产生的,又隐含了什么意义,最重要的是如何利用情绪,使生命更加丰富多彩。同时,情绪也是一只标杆,用来量度身体和灵魂的契合程度。

◎ 重回阳光灿烂的日子 ◎

由始至终,真我都活在你的躯体里。当初,灵魂用一个想法、一个含义就构建了你的身体，将你的生命带到了繁华盛世。初生的婴儿踉跄学步，急于探索这个既陌生又新奇的世界，眼中全是七色的彩虹，耳际回荡着鸟叫虫鸣。就是这样，蹲坐在树下看蚂蚁搬家，摘一朵红花回家，等下一年蕊满枝头，继续怒放。你迫不及待用五种感官感知生命的奥秘，也开始对世界产生期许，埋下自己的愿望，围绕自身，发射出粼粼波光。“我想天天看到彩虹”、“我想变成小鸟”、“我想冬季也看到花儿开放”……而真我，隔着厚重的泥土，听到你的召唤，也化腐朽为神奇，破土而出，伸出胳膊，追逐阳光，一起迎风飘扬。于是，我们有了照相机，有了飞机，有了温室。真我追随愿望的呼唤，每一日都成就全新的你。

每一天，你都贪婪地吸取着人生际遇的养分，不断强壮，最终成长为枝叶丰茂的大树。偶遇的过客、阅读的文字、世事百态都丰富你的阅历，开拓你的视野。同时，这也会不断地激发你新的欲望。遇到野蛮粗鲁的人，你期待下一个会温文有礼。受到他人的冷眼误解，你希望下一次能找到真正理解自己的人。今朝一贫如洗，你希望他日万贯家财。眼前形单影只，你希望终有一天会成双成对。生活，在塑造和完善你个性的同时，真我，也在悄悄地把愿望化为现实。

第五章

情绪是你的风向标

在现实生活当中，得到了一定人生磨练的你会慢慢发觉，自己缺少了很多东西。有时候缺钱，有时候觉得一天24小时不够用，有时候处理事情缺乏敏锐的洞察力和坚持的耐心。自然而然地，你就开始产生一些欲望，你想要得到一些你没有的东西，当你清楚地知道自己缺乏什么，你才能更清楚地知道自己需要什么。黑暗之中，你对阳光的向往将更加热切。日日夜夜，当新的想法和希望占据心头，真我也会随之成长。倘若你能清楚地了解真正的自己，你才能全神贯注地聆听自己的心声，追寻自己的梦想。这是一番多么美妙的感觉啊！心明如镜，体若蛟龙，只有时刻关注生命，关注生活，保持对生命的无限热爱和对美满生活的渴望，才能与真我产生共振，这是一种何等快乐的联结。反之，如果你拒绝了解自己，只是每天盲目地生活，与真我远离，蒙蔽感知，那只能给你带来无尽的不安与痛苦。

在生命的长河中，无论是弄潮儿领先的狂喜，还是后浪推前浪的无奈，每一种情绪的波动都反映了现实生活中你与真我产生的共振。你狂喜，有否与灵魂把酒谈天，聊发少年狂？你无奈，有否与灵魂对酒当歌，高唱人生几何？这种如影随形的亲密关系，令你可以坦然面对人生苦乐，喜能分享，悲能同哭。关注你自己的内心，关注自己的灵魂，只有节拍一致，才能奏出最悦耳的乐曲，对生活、对人生的体会才能消融在悠扬的曲段中。

◎ 生命永远有希望 ◎

清晨被闹钟吵醒，走到镜子前一看，吓个半死，黑眼圈、眼袋、鱼尾纹仿佛在一夜之间都爬到自己的脸上来了。头昏脑涨，目眩耳鸣，为了赶今天例会的报告，昨晚熬了个通宵，凌晨 5 点才昏昏沉沉地瞌睡了一下。在咖啡壶沉浸了一下，怎么也拯救不了熬夜受伤的身体，现在马上要开始报复了。你还来不及体恤自己日益下降的体质，匆匆地吃了早餐，就赶公车上班了。刚到公司，水也没有喝上几口，马上就要开会了。付出了青春和健康，熬一夜通宵的报告书连上司的眼角都没沾上，倒是新来同事的点子赢得大家的认可，博得了满堂彩。不知不觉到了下午 6 点，上了发条似的你自动收拾好，与同事不冷不热地道别，走出办公室回家。到家已经 7 点了，随便吃了点东西，又要开始加班了，下一个项目的计划书明天要交了。

就是这样，每天过着机械重复的生活，上班——开会——下班——回家——熬夜加班，每天都是这样循环，工作天天做不完。入职 5 年，没有任何晋升的机会，和上司的关系一般，与同事更是冷淡；月薪数千，供楼养家存钱买车，月月领薪月月精光，连偶尔买件名牌大衣都不够，更别提巴黎、纽约的旅行大计了。

想赚更多的钱，每月一个 LV，每季一件 Chanel，每年一次东京、米兰大扫货。想找到更好的工作，得到上司的赞赏、同事的拥戴，不是每天开会打字复印快递。想要更健康的身体，雀斑、大象腿、橘皮脂肪通通离我而去。还想要有个男朋友，沐浴爱河，备受呵护，下班回家鲜花等待。

这是谁？是我？是你？是他还是她？对，这是我们。人人都有过这样相似的经历。当生活把我们压得喘不过气，心中这些那些的愿望就越发强烈。

涓涓溪流，奔涌泉水，浩瀚大河，深邃大海，在看起来像是宁静无波的水面，总是留有一道道痕迹，它们记下了你的愿望。你无时无刻不渴望成长，渴望能把人生拓展到新的疆域。这些那些的渴求和愿望，你的灵魂都能听到，它会化成一尾鱼儿，从小溪游向深海，翻飞出美丽的水花。

◎ 转角遇到幸福 ◎

阅读至此，我相信你已经反复地看到过这句话：幸福快乐的生活源自你与灵魂步调一致。这是我们著书探讨的初衷，你能最终过上幸福生活的根本所在。

人人都希望美梦成真，个个都知道得到总比没有好。否则，怎么会有节日祈愿，庙宇祈福，风中闪烁、乍暗又明的烛光就真的能帮你晋升加薪？泥塑雕像镀上黄金就真的能帮助你飞黄腾达？非也。这其中的道理不在于你做不做，而在于你想不想。行动不是终点，思想才是关键。要幸福快乐，不见得要争什么，非要酒池肉林，夜夜笙歌，有时候清茶淡饭、粗布麻衣也是惬意的生活。不一定要轰轰烈烈地做一番什么大事业，有时候只要稍微改变看世界的角度，就能过上幸福的生活。

工作沉闷，薪水不高，付完水电费就只剩下一块几毛；得不到上司的赏识，晋升机会渺茫，朝九晚五实在是耗费青春时光；体质下降，肌肤暗淡无光，脂肪天天积聚，30 出头身边无人依傍。到底如何才能改变一切无奈的现状？与上司对质，为何多年苦劳换不来更高的职位？拍案而起，辞职跳槽，谋求高薪又有晋升前景的优差？还是地狱式的减肥加韩式整容，去眼袋抽脂激光美白?

不,通通不是,我们不会建议你如此折腾,一来二去,皮肉之苦加腰包缩水,更是有苦说不出。我们只是想要你回到最舒适的地方——你的家,静坐冥想,放松自己紧绷的神经。点上香薰,让舒缓的音乐静静在房间流淌。试想自己身处万草花海,清风拂来,芬芳扑鼻,任流云追逐于天际,你心静如水。然后轻声地问自己,自己的愿望是什么?要活出真我,首先要理顺自己的思绪,抛弃昨日的包袱,重燃对生活的希望。让愿望化为远处的灯塔,指引你渡过黑暗的大海。不要回头望,那里是万丈深渊,是汹涌旋涡,只会平添你心中的恐惧。划破黑暗,你才能见到明天冉冉升起的红日。灯塔给你光明,愿望给你勇气、给你力量,与真我的灵魂携手,乘风破浪,最终你将会到达胜利的彼岸。否则,迷失于茫茫大海,随波逐流,风雨飘摇,最终只能沉溺而亡,一切挣扎努力都会化为泡影,一切皆是徒劳。

第六章

轻松应对生活很简单

也许你会疑惑,生活中各种棘手的问题都源自复杂的人际关系,而大多数情况都是他人有这样或那样的不是,难道要改变的不是他们吗?

你说得不错,在生活当中,我们无时无刻都在和别人打交道。但并不是所有的齿轮都能完美咬合,那么就必然会导致种种摩擦,甚至令机器停止转动。如此复杂的人际关系往往成了你烦恼的来源。那么要如何解决这个问题呢?让对方妥协?让他把身上蜇人的刺都拔光,用赤裸柔软的肉身拥抱你满身的利刃?不,这绝对不是问题的答案。世界不会因为少了你而不能转动,你不是世界的女王,没有人愿意为了取悦你对你卑躬屈膝,做出任何牺牲。也许这一次可以,但绝对不会永远妥协下去。你感到心情愉快,是因为身边发生的一切事事顺心。只有让你的言行跟上内在自我的成长脚步,你才能感到快乐。

躺在舒适的床上做个好梦,睡个好觉;走进环境幽雅的餐厅,与亲友饱尝美食;然后去繁华闹市尽情购物;到大自然去呼吸新鲜空气;或者只是留在家中,看看书,听听音乐。总之,你做着一切喜欢的事,心情愉悦。突然,有人闯入了你快乐的城堡,打破了你独享的快乐和宁静。你只看见一个沮丧的身影,踩着泥泞的脚印,低着头,向你走来。近一点,你看到他布满胡碴的下巴，抽动的鼻翼和忧郁的双眼。这个人是谁？你的爱人、孩子、下属、客户、朋友，抑或只是一个陌生人？无论他是谁，你已经不能置身事外了，对他而言，你成了他的救命稻草。你有责任把他拉出深陷的泥潭。再走近一点，你终于看清了他的脸，他是你的下属。你对下属都很好。他一见到你，马上就开始叨念起来：公司复杂的人际关系压得他喘不过气来，他正和你另外一个得力助手闹矛盾，关系陷入僵持的状态，让他苦不堪言……他絮絮叨叨地向你大吐苦水，你发觉自己仿佛正卷入到他的苦海之中，任凭一个又一个汹涌的海浪拍打在身上，向你怒吼着，然后淹没你的灵魂。所有的快乐、活力和清醒全部被海浪席卷而去，只留下悲伤、厌倦和迷茫死死地缠绕着你，钻进你的皮肤，钻到你的心里，它要夺走你的思想，让你动弹不得。顷刻，又一个十尺巨浪奔腾而来，你挣扎着不让身体下沉，想尽办法冲破束缚，逃出生天。可是，你逃出这个旋涡，还有下一个在等你，除了任由海水吞噬你柔弱的身躯，你根本无计可施。失去清醒和判断力的你无从思考，不知道如何在短时间内摆脱眼前的困局。身体在无力中沉溺，最终下沉。下属的出现给你带来的噩梦，把你原本快乐的世界笼罩。你祈求找到另一个当事人了解情况，之后再采取措施解决这个问题，可是，你好不容易从前一个下属的泥潭中爬出，又再一次陷入另一个下属的苦海中去了。

左耳听着下属甲的哭诉，右耳听着下属乙的解释，左一句右一句，你一言我一语。他们讨论得越来越激烈，气氛越来越紧张，而你，除了呆坐在原地，什么也做不了，这本来就没有你的事。他们自己的战争波及到你的安稳，没有任何防备的你如箭靶一样站在中间受罪，最后他们都安然无恙，你却万箭穿心而死。到底，你是上司，你可以把心一横，把他们两个都开除了，重新聘请新人回来。可这样做也没有给你多大的快感，一种置身事外、懦弱无能的挫败感油然而生。

被海草般的烦恼缠绕，自救不得，任由身心沉沦的时刻，你也许会感到沮丧，但请不要对自己绝望。在这场无妄之灾中，你还有一丝生存的希望，心中一连串的愿望正化作泡沫，托你上浮。你要扭转劣势，你要恢复原来的快乐自由。当灵魂听到你微弱的呼唤，即与你产生共振，掀皱一池春水。表面上所有的痛苦都是源自下属的难题，实际上，这是由于你对现状的判断与心中产生的新愿望不平衡所造成的。失去平衡的折翼天使，穿过云层，坠落人间，再纯白圣洁的翅膀也拍动不起来了。失去了平衡，除了下坠没有其他结果，挣扎呼救也无补于事，只会加速下落。最后，摔在山涧，粉身碎骨。

如果我是你，我会千方百计地让自己快乐起来，尽情释放困于现状而堆积下来的负面情绪。只有将情绪尽数释放，才能再次达到身心平衡，与世界找到新的共振。

◎ 顺生命之流 ◎

乘一叶舟，轻摇双桨，沿着缓缓的流水向前畅游。两岸低垂的杨柳，随风飘扬，轻抚你的面颊，留下春天的味道。你恋栈那稍纵即逝的美景，你决意要重拾过去美好的时光。于是，你掉转船头，奋力划动船桨，逆流而上。你不信逝者如斯，你只信人定胜天，用尽全力向前迈进。可是，无论你如何紧紧追逐，还是追不上。这时，心中有个声音不禁在问：“为何不顺其自然，沿途也许还有更美的风光。”

可你的意志不允许这样做，你认为这是懦弱无能的表现。

“可是你还能坚持下去吗？”

也许你已经筋疲力尽了，但是所谓的坚忍和责任感驱使你继续向前。在这条生命的长河中，逆流而上，奋勇向前的不止是你一个，大家都在这样做，甚至是你母亲、你外祖母那一辈的前人，所有的人都在这样做。世人都在歌颂那些坚韧不拔、逆流而上的人，只有奋力与生命抗击，才能赢得世人的仰慕，千古流芳。即使我们只是做绿叶衬托其他勇者，付出生命的代价也在所不惜，因为我们也能收获赞赏。

在这场与生命的殊死拼搏中，你练就了一身好本领，更强壮的体魄，更发达的肌肉，连船在水中也行进得特别流畅，桨也更加好使了。也许你有千百种理由要逆流而上，我们都愿意一一聆听，但我们也希望你能听听自己的心声，它要告诉你一个重要的事实——逆流而上是徒劳无功的。

◎ 每个难题都有解决办法 ◎

逆流而上，到达尽头，那里除了一片荒芜，寒风呼啸，什么也没有。这里不是桃花源，没有鲜花满路，没有花瓣堆满路的尽头，没有湖水清澈泛舞，更没有你追逐的美好时光。这就是生命之流，它的源头只是丝线细的水流。从水流到小溪，从小溪到长河，再从长河到大海，生命之流也在一路崎岖中成长。懵懂无知的婴儿成长到睿智宽厚的老者，当中也经历过叛逆躁动的青春和焦虑不安的中年危机。如果你愿意顺其自然，你得到的不只是沿途的风光，更多的是了解到生命繁衍生息的奥秘，见证生命绽放的过程。

这就是美妙的生命之流。早在你出生之前，它已经开始流动了。当你的灵魂决定要栖居在这个美丽的星球，生命之流就开始伴随你的成长而壮大，从牙牙学语到激扬青春，多姿多彩的成长经历一次又一次激起了寸寸浪花。时而恬淡宁静，时而激情洋溢，你的一举一动都为生命之流增添色彩。今日的你，已逐渐成熟，懂得时常擦拭心灵的尘埃，不为无用之物耗费青春，一心追逐自己的梦想。这样，把喑哑无光的珍珠筛选后，留下的自然是最圆最亮的。无论是大是小，它都值得你一生珍藏，寻找它的精彩路程必定为生命之流注入新的激情与活力。

你总是希望超越自我，明天比昨日更辉煌。内在的你知道了你新的愿望之后，会帮你实现梦想。每个问题都有答案，每个难题都有解决的办法，内在的你不仅全神贯注为实现你的梦想而努力，也会与之产生共振。

生命之流，承载着你的梦想，将要引领你到达更广阔、更圆满的天地中去。在那里，你的梦想早已在等候。

◎ 与梦想同行 ◎

当你要活出精彩、拓展自己的人生时，你的真我、灵魂、生命的源泉就会与新的愿望产生共振，掀起一个个美丽的涟漪。就像前文提及的，你是出水芙蓉，在涟漪中获得新生，你不断蜕变，不断成长，每一个新的愿望都成就更美丽、更成熟的你。

吸引力法则是宇宙中最强大的法则，它适用于一切事物的共振。万事万物，可见不可见，可触不可触，电子状物质状，有形无形都受到法则的影响和主宰。吸引力法则就是同类相吸法则。它不但获得物理学中电子学理论的认可，同时，人们会发现，身处的环境和所见所闻都完全符合自己脑海中的对万事万物的设想和态度，仿佛是按照自己的心情而建造一样。因此，大部分人都意识到，日常生活的种种经历就是吸引力法则最坚实的基石。

强大的吸引力法则回应你灵魂发出的召唤，与此同时，生命之流也随之流动。正是吸引力法则给其强大的动力。

本书一直在为这个重要的问题寻求答案：你和内在成长的自我有什么关系？你有否跟上自我成长的脚步？

第七章

与内在自己的频率同步

多姿多彩的生活激发你不断向前,不断成长,成就更加圆满的自我。吸引力法则回应你对成长的渴望,对圆满人生的召唤。当下,你必能清楚地感受到内心正有一股暖流,奔腾于血脉之中,给你的身体注入无穷的活力和能量。

你之所以产生如此美妙的感觉,都是因为你的情绪在涌动。如果此刻,你正想着自己与内心的真我相结合,那么你就会感受到前所未有的宁静和谐,从而产生正面的情绪;但是,如果此刻,你正想着与之背道而驰,那么不一致的步伐节拍将会使你不安,从而产生负面情绪。

现在,让我们重回生命之流。当你随心而行,乘一叶扁舟顺水流而下,连清风也充盈着船舱,助你前行,逐渐与真我相融的快乐令你变得更加积极,斗志昂扬。然而,当你手持双桨,搏击于逆流之上,不愿回应自然之流的召唤,而越来越狭窄的河道,越来越汹涌的浪潮,令你举步维艰,逐渐脱离了日益成长的自我,逆流而上令你变得意志消沉。

◎ 情绪是彼岸的明灯 ◎

如果有个陌生人对你说:“你好,你不认识我,可是我想我们往后的人生也不会有什么交集了。”你听了之后，可能会随便地回答说：“哦，是嘛？”陌生人从来没有和你的生活圈子产生任何交集，因而，对他的淡出离开，你不会感到一丝的失望或者悲伤。不过，当陌生人变成是你的闺中密友，那么这一番话必定让你伤心一段日子。

情绪是一个风向标，往往反映了此刻你和真我之间的融合程度。距离能产生共振的落差，而这些差距都存在于所求与所想，欲望和信念，甚至是欲望和期待之间。我们想说，连接现实中的你和真我的绳结在于你此刻的思想。

当你为自己感到自豪，此刻的情绪象征了真我与当时的你在人生路上前进的步伐一致。当你感到羞愧或尴尬，这就反映了此刻的你对自己的评价与真我的不符。

你必须明白，除了你的肉眼在观察世界，你内在的自我也在感知生活的变化。这种“看世界”的双重标准相互依存，息息相关。只有明白了这一点，你才会了解情绪对人生有着重大意义。擦亮双眼，才能看清彼岸的灯火，让明灯指引你走出黑夜的迷雾。在生命的长河中，真我在彼岸召唤你前进。你从小溪出发，顺其自然，跟随东方耀眼的灯光——它给你活力和能量。你心中的热情和渴望油然而生，仿佛乘着风的翅膀在前行。但你若蒙蔽双耳，逆流而上，让真我的召唤消散于河上，化为团团乌云，那彼岸的灯光则会逐渐微弱，忽明忽暗。于是，挫败感和失落顿生，令你身心疲惫，迷失于滔滔的浪潮之间。

你要收割幸福快乐，那么请敞开心扉，与真我携手前行。而只有你感到了幸福和快乐，才能追上灵魂的脚步。节拍一致，这就是生生不息的生命之轮。

◎ 情绪丈量你与灵魂的距离 ◎

你的情绪会跟随每日的生活而波动变化。今日上班迟到，你会担心老板责骂;办公室桌上的一朵玫瑰给你带来了整个春天,你马上就心情舒畅起来了;工作报告上的难题令你百思不得其解,一下就陷入了苦恼之中。无论是正面还是负面的情绪,情绪都是风向标,反映了你与真我的契合程度,是否跟得上真我前进的脚步。

自从女娲造人之始,人类就学会了用言语来表达自己,用不同的词语来抒发自己的情绪,高兴、快乐、悲伤、忧愁……你不是第一个发明这些词语的人,因为早在你之前,这些复杂的情绪也曾在千千万万人的心中萌生过,是他们不断地创造合适的词句来准确表达自己内心的感受。时至今日,这些萦绕在人类心头,遥远又熟悉的情怀已经有了自己约定俗成的名字。

我们希望你每日都沉浸在爱河之中,对生活充满无限的热忱,每天笑逐颜开,不让恐惧的阴霾满布你头顶的蓝天,喋喋不休地埋怨甚至憎恨伤害过你的人,以致愤怒的熊熊烈火遮蔽你的双眼,再也看不到生活的美好。然而,我们更加明白你产生这些情绪的原因。我们不能要求你马上忘记伤痛,强颜欢笑,硬是把你从负面情绪的泥潭中拽出,步入正面情绪的海洋中,这样,你的结局还是沉溺。因为这两种情绪之间的差异实在太大,不是一时半刻可以调适过来的,同时,也没有必要这样做。我们希望你能循序渐进,将负面情绪转化为正面情绪,从泥潭中爬起,到大海里畅游。这才是你享受快乐人生的惟一途径。

◎ 逆流而上是徒劳无功的 ◎

青草地，碧蓝天，涓涓细流，鲜花灌木，摩天大厦，繁华都市，每一个与你擦肩而过的人，甚至是每一只小动物，他们的每一个组成分子都是由思想凝结散落的微粒而成的。但是大部分人并没有意识到这一点——你的思想拥有巨大的力量。没有一张笑脸能逃出你的双眸，没有一丝香气能飘出你的鼻尖，你能辨百音，你尝尽千味，连飘扬的花瓣也在你的手心沁出芬芳。你用敏锐的五种感官触觉，不停地解读这个世界，你甚至没有意识到这个美妙的旅程。这就是生活，而你，正乐活其中。

如果你能明白，所看到的一切事物都起源于思想共振，之后才形成思想形态，最终才成熟为你看到的模样，那么你对生命的创造，对世间万事万物的诞生将有更宽阔的看法。你不但明白这些事物，无论细小庞大，是如何丰富你的人生，更能感受到生命之流承载万事万物奔腾向前的力量。

我们之所以说“逆流而上是徒劳无功的”，是因为你心中萌发的欲望和渴求已经实现了。这好比从山上滚下的石头，自下落的一刻起，它不需要任何额外的动力和帮助，自然而然地滚到了山脚。你的欲求也是如此，一旦生活驱使你的心中萌发了一个欲求，那么它就会在自然的力量和法则的召唤下慢慢实现。

这一个自然演化的过程和生命之流的道理是一样的：无论大小，你的每一个欲求都能为生命之流注入活水，而你只需要顺其自然，就能最终轻松地找到你的宝藏，全身感受，永远珍藏，它将伴随你的人生一路前行。

第八章

生命的自然循环

前文关于生命之流的说法让人明白了逆流而上是徒劳无功的。当你回忆起自己生命的本质是一股思想的能量,它形成了你现在的肉身并栖居其中。生活在现实世界的你,不断萌生新的愿望,而你内在的本源,你的灵魂感应到召唤后,将帮助你前行,实现你的愿望。那么,你就能真正明白生命之流,明白逆流而上是徒劳无功的。

如果你能认真思考以下这些概念,将它们结合到自我的思维模式中,成为生命的基石,你就能实现你初生时的梦想,从此往后过上幸福美满的生活。

出生以前,你本源的思想能量开始寻找栖居的肉身。
出生以前,你本源的思想创造了“你”的现实概念。
吸引力法则在感应到这一召唤之后,助你塑造自己的肉身。
在这个概念中,你不断想要扩展自己的人生。
吸引力法则感应到这些愿望,帮助你一一实现它们。
现在,你又有一个新的想法从脑袋中冒出。
吸引力法则回应这个想法,创造了生命循环不断的动力。
那个因吸引力法则的回应所产生的动力就是生命之流。

只要明白了生命永恒不息的道理,永无止境的生命扩展概念就变得容易理解。

只要意识到你的生命在永无止息地扩展到新的境界,丰富多元、异彩纷呈的世界将激起你创意无限的脑袋再次掀起一场革命风暴,那么这就是理所当然的了。

只要意识到你的生命将永恒存在,你正努力在现实世界中活出精彩,那么,你将更清楚地看到事物创造的过程。

当你回想起内在的自己,它会时刻对生活中的你激发萌生愿望,那么你就能感受到生命之流的巨大推动力。

最后,当你明白,吸引力法则以创世之初的力量来回应你最新的想法,那么你对生命之流的动力将有更加深刻的体会。

根据宇宙万物法则的宏观概念和你现处的空间环境,我们想要清楚地告诉你,只有顺其自然,你才能在生命之流异彩纷呈的创造中获得你想要的东西。放松身体,享受幸福快乐的生活,实现你出生之前理想生活的愿望,这是生命永恒的宝藏。

◎ 顺其自然,收获美满 ◎

大部分人都在不停地计算现实与理想之间的距离。“我还要做出多大的努力呢?”“我还要做什么呢?”“我还要减多少斤肥肉呢?”“我还缺多少钱呢?”人之所以不自觉地这样算计,是因为现实世界的人大多是行动派。

我们希望你能明白,自从你改变了感知世界的看法,不再是行动为先而是思想为先,不再优先考虑时空等外部条件,而是关注内心的共振思想,你会发现自己更能有效地拉近现实与理想之间的距离,更好地实现自己的梦想。即使是在生命之流中,你也表现出“行动派”的倾向。有些人明白了逆流而上是徒劳无功的，只有顺其自然才能获得自己真正所求，但他们也急于要快人一步，更快地到达终点："我要怎样做才能更快地实现自己的梦想？我要更专注、更努力、更持久地工作。"但是，我们希望你能意识到，这些坚定的决心只会使你又一次萌发逆流而上的念头。一旦你决定在生命之流中顺其自然，你不需要在船上装马达，让它行驶得更快，生命之流会承载着你最终达到快乐的热土……舍弃你的船桨吧！

不再逆流而上、中流击水，舍弃你的船桨，放松身心，享受生命中幸福快乐的时刻，生命之流向东奔腾永不止息，承载着你的梦想到达身心合一的彼岸。

如果信仰人生有数不尽的困难要克服，你会选择逆流而上；如果信仰人生能轻松实现所有的梦想，你会选择顺其自然。你明白这个道理，就能了解到顺其自然的艺术，它会召唤你最终走向幸福快乐的生活。正是顺其自然的艺术助你走向更美满的人生，让愉悦之流给你力量，成为真正的你。

第九章

吸引力法则不需要实践

如果你想创造属于自己的精彩人生，就得认识到以下三个强大的宇宙法则的价值，而“随顺法则”是当中的最后一个。在此前的著作中，为了让大家更容易理解，我们已经按顺序介绍了前两个法则。在本书中，我们打破常规，特别重点介绍第三个法则。你之所以来到这个世界，活在当下，就是为了学习和掌握这个法则的意义。如若你想实现初生时的梦想，成为主宰自己人生的创造神，你就必须将这个法则运用到实践中去。相反，第一条法则——吸引力法则，是完全不需要实践的，也不能实践，因为这个法则早已存在，存在于宇宙万物的运行之中。

就像是万有引力法则不需要实践一样，地球上所有的事物都遵循万有引力法则，时时刻刻都在“实践”它；同理，吸引力法则也是这样的。你不会专门去请教“万有引力导师”，让他教你如何避免受到万有引力的“排挤”，掉到天上去。这完全是多此一举，因为根本不会存在这样的问题。你永远不可能掉到天上去，因为你无法自主选择是掉到银河系还是像牛顿的苹果一样做自由落体运动。同样的，你不需要去实践吸引力法则，让其强大的力量时刻回应你的愿望。即使你无视法则的存在，它也会一如既往地回应你灵魂的呼唤，实现你的愿望。

三大宇宙法则中的第二个是自主创新法则。根据这个法则,你只要集中注意力,专心致志地实现自己的梦想,你就可以成为梦寐以求的科学家,研究你感兴趣的项目,并获得一直渴望的荣耀。我们生活的这个星球之所以美丽异常,肉眼所见的一切事物之所以独一无二,是因为它们都遵循这个法则。同样,前文中海市蜃楼般无形的世界也是遵循这个法则,生命本源的能量从强大的意念中聚集起来,创造了我们以及生活在美丽星球上的一切生灵。而你,正透过同样的方式,在创造不同的属于自己的小宇宙。

◎ 随顺众生 ◎

如果说前两个法则对你的人生有着异常重要的意义,甚至对宇宙所有生灵的存在都有举足轻重的影响,那么只有充分了解和运用第三个法则——随顺法则,才能不断挖掘潜藏的自我能量,活出灿烂人生。

吸引力法则认为:同类事物相互吸引。在生活中我们会遇到以下的状况,这都是违反吸引力法则的。

如果近来的遭遇让我感到被忽视,那么吸引力法则就不会把赏识我的人带到我的身边。

如果我非常讨厌自己肥胖的身体,并因此感到沮丧,那么我就不能平复心情,寻找一个合适的办法来改善糟糕的身体状况,使心情快乐起来。

如果一团乱麻似的财政状况让我很无力,那么我无力扭转颓势,使状况有所好转。

如果我身边的人都在利用我、欺骗我、羞辱我甚至骗取我的钱财,我感到很愤怒,那么,无论我采取什么行动,也不能阻止这些不愉快的事情继续发生。

吸引力法则简单明了地回应你心中的愿望。你身处的环境、你遭遇的事情都完全反映出了你当下的情绪状态以及与外界产生的共振。而你的情绪，也成为了你与外界共振状态的风向标。

一旦意识到吸引力法则的强大力量，许多人就下定决心要更加集中精力，因为他们知道全心全意更能实现自己的目标。于是，人们开始尝试通过各种方法来集中注意力，例如催眠、潜意识控制法、静坐冥想、自我肯定的心理暗示和强有力的“精神控制法”等。

不过，要实现人生的终极目标，创造属于自己的灿烂星球，过上幸福快乐的生活，还有一个更加简单的方法，就是去了解和应用随顺法则的艺术。这种艺术在潜移默化地影响着你的思想，指引你最终实现自己的梦想。在前文中，你已了解到生命之流，瞥见了真我更广大宽怀的一面，更重要的是，你已经明白自己的人生任务：成为真正的自己，那么，随顺众生，让其成为你的第二天性。

◎ 随幸福之流而下 ◎

这本书中，字里行间都在帮助你进入幸福的河流，顺流而下。我们将深入地探讨你在生活中可能会遇到的状况，并为你提出建议和指引，令你改变逆流而上的定势思维，顺其自然，顺流而下。我们也将帮助你重新挖掘自我，让长埋心底的惊人感知力量绽放光芒。它是与生俱来的，并将成为指引你人生方向的指南针，带领你走出自己的鲜花小径。我们衷心希望，你在阅读本书之后，能观照自身，发现情绪的惊人力量，并实现初生时的梦想，拥抱幸福快乐的人生。

人们之所以对现状束手无策，无法达到自我的平衡，是由于他们之间最常见的误解：我必须马上行动，尽快实现目标。我们可以理解你急切解决问题、尽全力找到问题答案的心情。然而，你必须明白欲速则不达的道理。你越是急于求成，改变现状的阻力也越大。这就是逆流而上。而你的思想存在一个更严重的错误：如果你信仰快速是提升自我的捷径，那么，你即在怀疑生命之流的力量、速度、方向和是否能最终到达彼岸。一旦你忘记了生命之流的原则——顺其自然，你将与真我背道而驰，一切取得的成绩全部白费。

想象自己乘一叶扁舟逆流而上，长时间搏击于惊涛骇浪中，你不自觉地身心疲惫。忽然之间，你决定改变航行方向，放松船桨，顺其自然，一种前所未有的轻松与坦然充盈在身体的每个细胞中。你仿佛明白到了生命之流博大的胸怀和无限的智慧。你相信顺其自然会最终到达愿望的彼岸。闭上双眼，躺在小舟之中，舒缓身心，让生命之流承载着小舟向前，它将带领你寻找幸福和快乐的宝藏。

◎ 你是生命之流的推手 ◎

在接下来的章节中，我们将帮助你连接现实和理想，但只有真正明白生命之流的真谛，你才能架起现实和理想的桥梁。

在你出生之前，内在的真我已经与现实世界产生共振，呼唤你的初生。正是这些共振推动生命之流滔滔不绝，向前奔腾。从婴儿到成人，你活着的每一天都渴望得到更多的爱，更多的金钱，更多的知识，正是这些东西引领你走上生命之流的高峰。生活中的种种遭遇都激发了你内心产生各种愿望，这些愿望掀起了生命之流的高潮起伏。更重要的是，你的灵魂与你圆满的人生产生共振，而吸引力法则正回应你初生时遥远的呼唤。这些都是生命之流的力量。

在继续往下阅读之前，请掩卷沉思，透彻明白生命之流的真谛和内涵，它是幸福快乐之流，它将永不止息地鞭策你成长，给你力量，令你走进更完满的人生。

现在，你是否已经准备好，把顺其自然的法则运用到自己的生活当中呢？我们希望你已经收拾好行囊，能分清脑海萌生的各种念头是顺流还是逆流，是拥抱真我还是将它拒之门外。

第二部分

展现情绪的惊人力量，进入心想事成的境界

在接下来的章节中，我们将为你提供各种生活里的实例，看人们是如何挣扎于自我与愿望契合之间，探讨内心的愿望和健康的体魄、人际关系、人生目标、财政状况，甚至是国家大事。我们收集的这些实例，都来源自日常生活中你与集体意识产生的共振，希望能从中找出人们不断提升自我、活出真我的人生真谛。

也许在这些实例中，有些与你现在正面临的状况十分相似，而有些则相去甚远。不过，即使有些问题并不是你急切需要解决的，我们相信你也能从中得到一些启发，彻底了解这些实例发生的背景原因以及解决办法，你就能更深刻地明白自主创造的真谛。

在阅读这些实例的过程中，也许你很不喜欢某些例子，你觉得某些欲求实在是难以理解，有些甚至很无聊。这些主观的臆测都是由你个人的阅历和身处的环境所决定的。当你正为自己的健康担忧时，阅读到一个实例是教你如何改善办公室人际关系的，你必定会觉得我们花这么大的篇幅探讨一些无关痛痒的事，实在是很烦人。不过，即使是某些例子在你当下的环境并不适用，我们还是建议你把它们全部阅读一遍，因为在阅读的过程中，你对共振会有新的认识和体会。

我们并不是要激发你萌生所谓"合适"的愿望，因为你的人生早已给你提供了答案。我们只是希望以这些实例作为引导，打开自我与愿望结合的大门。

实例一

我被诊断出重疾，什么时候才能康复

我身上出现了一些不好的症状。事实上,我已经有心理准备了。尽管专家医师的最终诊断还没有下来,但我知道,我肯定是得了什么大病了,也许是癌。反正是不治之症,我害怕极了。

在这种情况下,你觉得“害怕”,是很正常的。可是,“害怕”这种情绪之所以会出现,说到底,还是因为你过于关注外部世界,而不是你的内心。

当健康受到侵蚀,甚至面临生命威胁之时,是我们内心最慌乱无助的时候。人们往往轻易地就忘记了内心的声音,开始向外界寻求各种各样的帮助。现在市面上有无以数计的治疗方法,你可以断食,也可以不停地吃药片。反正,如果你不想闲着,有的是医生来给你做各种康复治疗。而我们要你做的可能恰好相反,我们希望你能审视内心,去寻找康复的力量。

人在这个时候很喜欢找“后悔药”吃,生病的人总是反省:“早知如此,何必当初?”或者“如果我能……现在也许就会……”可这样的自怨自艾只会让事情变得更糟。

首先,这个世界上本来就没有“后悔药”可吃;其次,“后悔药”不能挽救你的病情。你真正想要的是什么?是健康,是完整的生命,是美好的生活,对吧？如果你还不知道这些,那么静下来,想想自己的内心究竟要的是什么。如果你发现后悔并不是内心真正需要的,你就知道,你已偏离内心有多远。只有接受内心真正的渴望,你才可能重获新生。

在我们开始深入探讨这个实例之时,我们希望你能明白,即便是“治疗”这个想法,也是逆流的,因为其中暗含战胜疾病的意思。现在,你可以仔细体会一下“与疾病作斗争”和“接受健康”这两种心态的区别。

当我们的健康受到了威胁,经常有这样的想法,你可以体会这些心态是顺流还是逆流。

这个诊断真的很可怕。(逆流)

我应该好好地照顾自己,注意健康,哎,可惜现在已经晚了。(逆流)

这种病是会遗传的。(逆流)

即使能治好,治疗的过程肯定也非常痛苦。(逆流)

我怎么就得了这种病呢？(逆流)

为什么老天这么不公平,让我得这种病？(逆流)

读到类似这样的想法,你能很容易地体会到,它充满了抗拒。但是,请再看看下面这些常见的想法:

我一定能战胜病魔。

我不能让这场病影响我的生活,更不能让它成为我生活的主色调。

我还不想死。

我一定会战胜它。

我们想要你明白，这些也都是逆流、抗拒的想法。因为以上的话仍然在述说你不想要的各种状况，于是，你的振动频率便与你不想要的情况契合。你能说出这些话，说明你已经忘记在生病的日子里，自己早就发出想要身体康复的愿望振动；在健康已经改善的地方，你的内心在召唤你，这才是生命之流应该流向的地方。你想要走出困境的信念，反而让自己禁锢在逆流状态之中，与健康渐行渐远。

现在，再看看下面这些想法给你的感受：

这个诊断让我认识到健康的重要性。

其实，我内心的力量已经从原来的残缺状态，恢复到现在的完整状态。看，我的内心其实已经痊愈了。

我要继续努力，得到更多的健康和快乐。

从磁场力量上讲，我现在的磁场其实很强大，我会吸引到很多的“健康电波”。

吸引力法则会起作用的，它会让更多的好事发生在我身上，包括健康。

没有任何行动能比我内心力量的觉醒和完整更有用。

我没有必要觉得痛苦无助。

我的内心力量是战无不胜的。

这些都是顺流的心态。现在，花一点时间，体验一下顺流心态带来的轻松自在的感觉。

当你感到如释重负之时，抗拒的阻力自然减小；当你渐渐不再抗拒，自然而然就会向着渴望的方向滑行。你虽然不会立即恢复健康，却也不要紧，因为你已经发现了接受健康的秘诀，不再一时冲动去抗拒它。过不多时，你必可康复如初。

只要你不断引导自己顺流而思，过不多久，自然成为习惯。起初，你可以不时感受一下顺流而思带来的轻松感觉，慢慢地，这种感觉会不断延续，最终会瓜熟蒂落，心想事成。疾病是吸引力法则对抗拒心态的回应；健康是吸引力法则对顺流心态的回应。

◎ 还要多久我才能完全痊愈呢 ◎

问题："我还要等多久才能看到身体好转呢？什么时候，医生才能诊断出好的结果呢？"

我们明白，在面对令人恐惧的诊断结果时，你会急于找到解决的出口。但是，这种疑问却是逆流的心态，而且，说明你对于生命之流的力量一无所知，看不清它流转的方向，也不知道它能带领你找到解决的方法。当你问："我还要等多久才能好转？"其实是在问："我还要在自己不想要的境况中待多久？"表面上看，似乎这两句话没什么差别，但是，我们可以保证，它们在振动频率上有巨大的差别。

要判断自己所想是逆流还是顺流，惟一的分辨方法是：你是否感受到一种发自内心的轻松。

我什么时候才能看见我身体上的确实改善呢？（逆流）

这句话让你舒服吗？不会吧。它只会让你产生更多的疑问，然后带来更多的焦虑。现在，试着换个角度，想想能让你放轻松的事情：

身体好转不是人为能控制的，而是自然而然发生的。（顺流）

我最终还是能恢复健康的。(顺流)

你看,这两句话尽管不是什么惊天动地的誓言,你可能也不是笃信不疑,但是,你是否觉得,当你更专注的时候,自己感觉就会轻松许多?虽然这种想法不能奇迹般地立竿见影,但是,你却从心理上不再抗拒,能够让它顺其自然。

但是,有时候还是会有突如其来的状况发生。比如你也许会观察到一些令人不快的事情,有人跟你说些不顺心的话;或者突发奇想,便再度让自己进入烦恼和逆流状态。其实,对于你来说,这已无关紧要,因为你已经意识到自己处于生命之流的哪个阶段,只要你稍加努力,就能放下逆流的心态,转成令自己身心愉快的思考方式。

比如,你无意中看到一个人正遭受重疾的折磨,痛不欲生,恰好这个人身上的种种症状跟你很相似——当然,很明显,他的病要比你现在的病重很多。这时,你会觉得十分害怕,还会想:"天啊,可别让我落到这种地步。"

但是,这个时候,这个想法已经不是你的着眼点,你所关注的是自己真正的感受。那么,现在,你可以想一些令自己感觉愉悦、解脱的事,而不是"天啊,可别让我落到这种地步"这种所有人听了都会精神为之一紧的话。

希望我以后不要像他那样。(逆流)

我对那个人的具体病情一无所知。(顺流)

虽然他看起来很痛苦,说不定比起一个月以前的状况,他已经好转很多了。(顺流)

我不知道是什么心态使得他今天如此痛苦。(顺流)

他的病是他的病,我的病是我的病,这是两码事。(顺流)

我不应该自己给自己添堵，一切都还没发生，不是吗？（顺流）

我还是管好自己的事吧，比如从现在开始注意身体。（顺流）

当然，你也不是要追求开悟的境界，只需稍微改善自己的感觉和心态就好。每天，在你经历纷繁复杂的事物时，只要切实体会内心感受，坚定不移地向顺流靠近，随着时间的推移，自然会不由自主地关注内心真正所需。于是，健康也会随之而来。

着眼于改善情绪，就是为改善健康状态提供振动基础。若你在“自己何时才能好转，怎样才能好转”的问题上纠缠不清，就是在拒绝恢复健康。因为你执著于这些问题的答案，于是在你的振动中，就会产生逆反的抗拒力。总之，尽管你不能立即恢复身体健康，却能使精神状态、情绪心态好转，这些就足够了！

实例二

我是个肥婆，没人爱我

自打记事以来，我就是个胖子。体重问题是我天空中的乌云，硕大一片。有几次，我减肥略有成效，可付出的代价实在太大，是那些难以下咽的食物，那些魔鬼式的训练，身体剧烈的不适反应，等等。每种减肥方法都好难，我坚持不下来，生不如死。所以，每次我放弃的时候，体重秤的指针就又回到原位了。这片乌云来了又走，走了又来，却始终不散。

我穿什么都觉得别扭，更害怕去商场买衣服。每次我站在衣柜前面决定今天穿什么的时候，心里都觉得还不如死了算了。不是说我没衣服可穿，也不是没有漂亮衣服，可我知道，不论我穿什么，我的体重都不会变，穿了也不好看，于是，穿什么也就无所谓了。

跟所有的胖人一样，我的体重让我的行动受到很大限制。我总是想，哪怕就瘦个几公斤，我走起来或者跑起来都会感觉更好些。可我实在不想用尽全力地把乌云吹走，而且，还没等歇息几分钟，它就又回来了。我没信心，真的。我该怎么办啊？

在回答你的问题之前，我们先来聊聊“刻意实现”这个话题。实现一个想法的关键不是通过行动，或者说，跟行动毫不相关。实现的秘诀是顺应你内心的想法，调动你内心的力量，形成梦想的气场。至于最终是什么行为让你实现了你的愿望,不是你可以掌控或者预期的。

现在让你全盘接受这样的观念可能很难,因为你"丰富的"人生经验和"权威的"社会教育让你认为,"有作为才有结果","想成功,脚踏实地地去做吧","动脑不如动手"。面对你体重超标这件事情,你也会认为"减少热量、脂肪的摄取,才能有效抑制体重的增长",或者"只有锻炼才能抑制体重的增长"。是啊,多么熟悉的表达啊。每天我们打开电视、翻开报纸、登录网络,这些话就迎面而来,让人无暇思考它是对还是错。当然,如果没有任何行动,社会也不会如现在一样繁荣。没人制造,我们就一无所有。但是,如果你只依赖行动,没有考虑自己内心真正所想,必然无功而返。因为只凭行动,无法弥补振动频率截然相反所损耗的能量。当你想创造一个完美的体型,实现一个完美的外表,你是否首先要问问你的内心,在这种需求后面到底是什么欲望在涌动?

你是不是有这样的经历,某个人跟你提到有种方法减肥特别有效,你听到后,兴奋极了,恨不得马上就照这个方法去做。你可能非常信赖这个人,他以前提供给你的东西或消息都是正面的、美妙的;你也可能特别相信自己,因为你的某种特质恰好是这种减肥方法所需要的……总之,你兴奋了,充满希望,斗志昂扬!请注意,就是这股"劲儿",我们希望你关注的正是自己的这种"劲儿"。

你的这种兴奋状态,表示你的振动频率与内心想法一致。接下来,你立刻投入行动之中,心态就会发生良性变化。但是,如果你在开始的时候就调整振动频率,将会让你的行动更具爆发力与影响力。

当你觉得自己身材不够完美的时候,会觉得无比低落,生活中经常会出现这种情形，而我们通常没有意识到。这时，你就会发出自己渴望完美体态的频率，于是，这些渴望就会放大，你就能在无形中创造一个更美好的自己。

我想告诉你，那个完美的你不是虚无缥缈的泡沫，也不是梦中的幻境，而是一个积极创造的过程。这也是万物创造完美自己的方式：生命萌发众多渴求，然后关注其中，假以时日，终于成就现实。

所以，当你垂头丧气、无比失落之时，说明你现在的想法与正在塑造的完美身材频率不一致。在良性的振动中，你的身体悄然发生变化，而你依然禁锢在老旧的思维之中。这样，你根本没有采取任何实际行动的动力；即便是开始行动，想要创造出美好的自己，也是难如登天。如此恶性循环，你会更加沮丧，一蹶不振，在痛苦的深渊中无法自拔。

塑造理想身材的诀窍在于：抛弃成见，以崭新的眼光看待自己现有的身材。你要关注正在形成的美好身材，忽略它的缺陷。若你执意关注不好的方面，振动频率就会与完美的身材相抗。若你纠缠于对现实的不满，就无法创造出美好的理想。

现在，你知道为什么自己总是无法付诸行动，即便是开始行动，也总是无功而返了吧。下面，我们会给你介绍一些简单易行的小步骤，让你能马上调整内心的频率。当你明白宇宙运行的法则和创造过程的本质（调整你的振动频率就行了），你就会无往不利，心想事成。

你的选择与你的体重无关，与你的身材也无关。
你要接受自己的体重，它是现实存在的。
你的体重今天不会变，明天也不会变，后天也许还是这样。
立刻改变你的体重不是你要做的事。

找到你内心的力量，营造你的磁场才是当务之急，而且是惟一的当务之急。

另外，你现在的感觉可以是模糊的，不一定是非黑即白。别把自己搞得那么极端，你可以既不太高兴，也不太悲伤。

同理，你也可以既不兴奋，也不绝望。你只是很自然地与这个世界相处。

你的决策，要依靠一种感觉，一种令你舒服的感觉。

你可以轻松地做出决定：此刻是让自己感觉好点呢，还是糟点。

你也可以选择是尊重自己的内心，还是违背它。

这只是选择，也只有这些选择。

但是已经足够。

比如说，你正在一家购物中心闲逛，商铺目不暇接，各种物品琳琅满目，人来人往中，你只关注那些穿着时尚、身材完美而英俊漂亮的人。看到这些人，你会突然在意起自己的外表。

于是，你感到很不自在，觉得今天的打扮不够美。经过商店的橱窗时，看到玻璃窗上映着自己的影子，忽然感到很讨厌。于是，你的情绪有了极大的反应，开始沮丧、烦躁、低落，本来很开心的闲逛，变得一点都不快乐了。

立刻低落的心情让你失去了逛街的兴致，只想找个地方狂吃东西。此刻，空气中很合时宜地飘散着各种美妙的香气，你立刻觉得肚子咕咕叫，想吃些点心。再走不远，还会有更多的美味佳肴，冰淇淋，糖果，再来点三明治，真是太妙了，每样食物都让你食指大动。

你越来越想找个安静的地方好好地犒劳自己一顿，这种冲动压抑不住，在美食面前，你放弃了抵抗。于是，你走到冰淇淋店前面排队，又发现队伍中有很多身材苗条的人。这个发现令你更加烦躁，吃冰淇淋的欲望更强烈了……

关于这种情况，在提出建议之前，我们想说明一个观念，也许很多人都不了解，且觉得难以置信：此时，不管你是违心地强迫自己离开冰淇淋店，还是破罐子破摔，偏偏要吃一大桶冰淇淋，这两种行为没有任何区别。**事情的关键不在于行动，而在于你内心的力量。让你如此肥胖的原因不是你没有任何行动，而是你内心的力量导致如此。你做什么都无所谓，对于自己所做的如何感觉才是真正的影响所在。**

当你想调整内心力量时，也许会激情迸发地从改变饮食习惯做起。注意，此刻，可能有人要说："这和我以前试过的减肥节食法没什么区别嘛！"你要特别注意，当你改善了情绪状态，就会找到更多想要一试身手的方法，花样翻新的方法层出不穷。你无须费尽心思去钻研减肥秘诀，这些想法自然会带领你走向苗条。当然，减肥效果出现之后，你就更有动力，此刻的你与梦想只一步之差。

当你减肥成功，你就会对自己说："这次减肥太轻松了，我一定能持之以恒。而且，只有想不到，没有做不到。我现在掌握了窍门，无论我想拥有怎样的美妙身材，一定能成功。"

现在，想想下面的状况，也许带给你不同的感受：

如果身材苗条让你心情愉悦，
而在吃冰淇淋的时候，你从内心里感到快乐，
那么，当你狂吃冰淇淋的时候，你就是一个苗条的人。
如果你因为渴望完美曲线而做不到，于是自卑气馁，
当你感觉沮丧继续大吃冰淇淋的时候，
你就会变成一个爱吃冰淇淋的胖子。

如果你因为想变得苗条却办不到，于是变得垂头丧气，
而且经常强迫自己不去吃冰淇淋，
你就会变成一个不吃冰淇淋也照胖不误的人。

也许有人会问："如果不开心会让人发胖，为什么我们在缺少食物的地方看不见胖子？他们吃不饱，肯定不开心，可他们为什么不发胖？他们往往会饿得皮包骨，然后因此而死去啊！"我只能说，当你所有的注意力都集中在"我没东西可以吃，我爱的人没东西可吃"，那么，你的内心力量就会产生强大的磁场，这个磁场不会吸引食物，只会吸引更多的匮乏过来。于是，你就愈加地匮乏，直至生命的尽头。永远想着"没有东西可吃会饿死"，跟永远想着"我吃了太多东西会发胖"，是完全相同的一件事情，结果都是：越这么想，你就越这样。实际上，当你饥饿的时候，你内心的真正愿望是"我需要更多的食物，我会有更多的食物"；而当你发胖的时候，你内心的真正愿望是"我希望自己更愉悦，更美丽"。我们常说，事与愿违，实际上，之所以"违"，是因为那个"愿"不是你真正的"愿"，只是你的担心和忧虑罢了。

身材苗条令人心情愉悦。（顺流）
身材肥胖让人不开心。（逆流）
有足够的食物让人心情愉快。（顺流）
没有足够的食物让人不快乐。（逆流）

如此看来，心想事成的秘诀在于是否能让自己的心情发生变化，是否能把灰色的心情变成阳光的颜色。也许眼前的现状很糟糕，这也是大家常常抱怨的借口，"没有能让我高兴起来的事啊"，"都到了这个地步，我怎么开心得起来啊"，等等。好，忘

记眼前的事，运用你强大的内心力量去想象一幅画面，在这幅画中你拥有了所有梦想中的东西和人，你幸福得一塌糊涂，你就是那个天天开心的幸运儿，不是别人，就是你！

当然，这需要时间。这幅画不可能一笔画成。所以，一开始，你的想法肯定是这样的：

我好胖啊。（逆流）
我不想这么胖。（逆流）
我烦透了自己的体重问题老是解决不了。（逆流）
我不喜欢自己的样子。（逆流）
我不喜欢自己的衣服。（逆流）
我不想去商店买衣服。（逆流）
我尝试这么多次了。（逆流）
什么都没用。（逆流）

记住，你用不着把上面的每一条都推翻，只是试着找一些让你不那么"自我否定"的想法：

我希望能有一种方法适合我。（顺流）
减肥至少能救救我的腿，可怜的腿。（顺流）

好，现在，比如你在上班。你没有想自己的体重问题，因为你手头有事儿在忙。不过，很快到了午餐时间，你去吃饭的时候路过一台自动贩售机，一看到它，你就有种强烈的欲望：买包饼干。你把硬币投进机器，哗啦啦，很快饼干就滑出来了。你打开饼干包装的时候，一种异样的感觉突然蹿了上来，你觉得非常不舒服。

"我又没管住自己。"你对自己说，同时觉得罪恶感和自卑感更强烈了，你快窒息了。

可你真的很想吃饼干，非常想吃，你的嘴巴好像不听使唤，于是咬了一小口。

饼干的味道还没品尝出来，那股罪恶感却苦涩得让你想哭。

这样的场景你应该不陌生，是吧？不过今天，你有了新的收获，所以会产生新的变化。你对你的体重问题不再执著，而是更关注内心的真实感受。

你要记住，做什么不是最重要的，重要的是：我对所做的事有什么样的感受。请你停下来，低头看着手中的饼干，你跟它这样说：

我不应该吃你。（逆流）
你只会让我更胖。（逆流）
不过，你倒是挺好吃的。（顺流）
你也不太大。（顺流）
我可以只吃一小点，剩下的留到明天吃。（顺流）
有选择还是不错的。（顺流）
我能决定选择哪个，我说了算。（顺流）
我也能决定怎么做，还是我说了算。（顺流）
你是个好吃的小饼干。（顺流）
嗯，你太好吃了，小饼干。（顺流）
我是有计划有预谋地享受你的。（顺流）
有时候我决定吃点，有时候我决定一点也不吃。（顺流）
比如，现在我决定吃你。（顺流）
而且，你非常好吃。（顺流）

上面的这些想法把你自己都吓了一跳吧，你以往肯定不曾这样对待一块饼干。你在吃饼干，而且不光是你在吃，你的内心也在吃;不光是你的味蕾很享受这块饼干,你的内心也在享受吃饼干带来的愉悦。你和你的内心真实的欲望合而为一了。吃饼干曾经带给你的是什么？挣扎？痛苦？愧疚？因为你认为吃了它,体重就会上涨,而你的内心是多么不愿意看到自己变胖。可是你的嘴巴想吃,你的肚子想吃,你的鼻子把饼干的香气传得满身都是。你和你的内心像是战场上的双方,不管谁赢,都是一片血肉模糊。你怎能不痛苦?

现在,一个苗条的家伙走到贩售机钱,买了一包饼干,开始品尝。正如你所见,你感觉得出这个人非常享受这包饼干。而以前,你看到这样一幅景象,你肯定想:

真不公平,越瘦的人越能吃。(逆流)
她的消化功能就是好,怎么吃都不胖,我就不行。(逆流)
她也许活不长了,这也许是她最后一餐。(逆流)

但是,现在,你就会这么想:

看,嘴巴和内心都想吃饼干的人就是这样的:又享受,又苗条。(顺流)

一切的一切都是看你是否能和内心合一。不要过分在意磅秤上的数字,或者内衣的号码,这些不会在短时期内改变。关键是你开心吗？自信吗？满足吗？你觉得这个世界是你的吗？当你快乐起来,自信起来,觉得是这个世界的主人翁,至少,你可以决定今天吃什么不吃什么,吃多少还是不吃的时候,整个宇宙都会帮助你完成梦想。

这不是童话,这是规则。

实例三

家中一群小鬼无时无刻不断打成一团

我有两个孩子，儿子 12 岁，女儿 13 岁。他们都很棒，在学校里从来不惹事，而且成绩相当不错。可是，一回到家里，他们就像上了发条的玩具兵，把屋子当战场，没有一刻消停。他们互相咆哮，互相取笑，互相摔门，有时干脆扭成一团。他们俩都有自己的房间，应该不会打扰对方，可是就是每天不停地吵。我们夫妻俩真是受够了兄妹俩相处成这样，我们想尽办法创造机会，让他俩在同一间屋子里好好待会儿，可永远都是不欢而散。我现在甚至有点害怕他们放学回家，我该怎么办?

很多人在跟别人相处的时候，都会产生茫然失措的感觉，好像越是努力，结果越是朝自己预想的反方向发展。如果你跟另一人的关系发生问题，而你指望对方的改变可以使你们的关系改善，那么这种等待是无期的，而且你最终是失望的。你想改善自己与他人的关系，你想改善自己的心境，只能靠你自己。

如果我能和其中一位孩子谈谈，也不会建议另一个去改变自己的行为，以维持兄妹间的和平。可现在是你提出这个问题，而你面临的问题更复杂，那就是你既不是自己的女儿，也不是自己的儿子，你是他们的妈妈。你无法左右男孩的行为，也无法左右女孩的行为。你多次尝试均以失败告终,相信你也多多少少感觉到了:你控制不了他们,也决定不了他们之间的相处方式。你不得不置身事外。

人们总是喜欢控制别人,不是管制自己的孩子,就是管制自己的下属,要么就是配偶。好像“惩恶扬善”是天经地义的。于是有了“奖惩”一说,符合善行的就奖励,符合恶行的就惩罚。实际上,有作用吗?所有的规则条例、惩罚条文都无法改变人的内心,它们只能从外部作用于人类,迫使人类把自己想要的东西隐藏起来。可是,有很多东西的力量实在太大,是无法隐藏的,比如天性。所以,当被迫隐藏起来的东西积累到一定程度而寻求爆发的时候,就是灾难产生的时候。

我们经常说,你对你自己的生命有决定权,那么,这也意味着,你对别人的生命没有决定权。他们有他们自己的诠释生命的方式。当然,我们完全可以理解,有时候,他们是在你的家里诠释生命的,他们甚至在你的耳边、眼前诠释他们的生命,他们诠释生命的方式甚至大大地影响你、困扰你。到了某种程度,你不得不提醒他们——请你们停止用这种方式诠释生命,行吗?我受不了了!

我们也知道,看到令人喜悦的行为,你自然会开心;而看到令人生厌的行为,你也会发怒。我们更明白,如果做出使人喜悦或者生厌行为的人恰好是你最亲的子女,那么你的情绪会被放大很多倍。但是,我们仍然要告诉你,如果你把自己快乐的能力建立在别人的行为上,那么,你将永远得不到最终的快乐,因为你永远没有能力控制他人。

有些人用尽毕生的精力,只为了追求控制某个人的能力,结果发现自己不但丧失了情感的自由,更要最终面临失败的苦果。

父母尤其是这样。他们总是希望可以指导孩子的行为,并坚持认为只有这样,孩子才能更好地成长。可我们的建议是,如果每个父母都能忠于自己的内心,找到真正的自我,那么,其内心散发出的力量会比任何口头的“指导”都更有效。

如果你愿意一试,也许能够体会当你身处这样的尴尬境地时的感受:“孩子让我极其难过、愤怒,我都再也不想去白费力气了。越是管着他,他越是和你对着干。”但是,只要你花少许时间调整心态,伟大的生命之流就会帮你实现所有的梦想。

当你看到孩子们相处不融洽时,就会散发出想要让他们和谐共处的信息。你要做的事情很简单:与自己内心真正所愿相融合。

孩子们整天打打闹闹让你烦不胜烦,这是因为他们的所作所为与你的理想状态不符。其实,他们以前的吵闹就帮你创造出了这种理想的状态。而在他们出生之前,你看到别人家的小孩时,就已经在这样想。现在,你所处的境地与理想状态截然相反,于是心生不快是自然而然的。

如果你能认识到,这种难过的情绪是因为现实与理想不符,跟孩子的行为无关,那么,不管孩子怎么做,你都能让自己感觉好些。

现在,你的处境是:

你看到孩子的某种不适当行为。

你为此感到难受。

你认为,自己之所以感到难受,是因为他们不停争吵。实际上,你难受是因为你没有身心合一。

于是,你忽略孩子们的行为,并运用个人的力量,使自己关注一些能让人愉悦的事。

这么做的时候,你身心合一。

于是，你创造了一个快乐的磁场，这与你希望两个孩子好好相处的最终目的是一致的。

当现实与理想的磁场合而为一之后，你就能与自己的真性情、造物主，还有将所有关于孩子、家庭和人生的美好愿望结合起来。

现在，正是你言传身教的时候，孩子们不但不会阳奉阴违，还能有许多积极的改变。

但是，你的言行并非改变孩子的力量，而是通过与愿望的磁场相契合，于是现状得以转变。

当你想要改变孩子的行为，必然感觉力不从心；但是，如果你将专注力放在自己的思维上，就会发现，这是可行的。假以时日，你会发觉，改变轻而易举。

因此，你的生活愈加美好。关注内心不但能让自己感觉良好，潜移默化中，还能改变孩子的一言一行，让孩子体会到内在和谐的重要性和惊人力量。**帮助别人在身陷困境之时内外合一，是世界上最宝贵的启示。你惟一能够教导孩子的事情是：引导自己人生的强大力量。**

我的孩子把我弄疯了。（逆流）

他们总是互相攻击。（逆流）

我没法让他们停止。（逆流）

他们谁都不听我的话。（逆流）

早晚有一天他们会后悔的。（逆流）

我不知道该怎么办。（逆流）

能想到的招儿我都试过了。（逆流）

起初，你总是逆流思考，这很正常。但是，你应该明白，现在，你应该改变思维，放松自己，而不是不断描述现实，或者总想怎样改变现状。

只要你感觉有些许放松，就说明抗拒不再那么强大。改变别人太过劳心，因此，不如丢掉枷锁，你的生命之船自然会顺流而行。于是，你的思维会更放松。过不多时，孩子们的行为就会有所改善。你的意念能否与愿望契合，决定了你的影响力与改变他人的能力。只有让自己感觉愉悦，才能吸引更多改变。

孩子们的关系，是他们俩自己的事。(顺流)

也许他俩没觉得兄妹的感情不好，也许这只是他们俩相处的方式。只不过我不在其中，所以无法理解也无法接受而已。(顺流)

如果你能让自己的心绪一直按照最后这句话来想，再维持一两天，就能扭转自己的内心力量，促成改变的开始。但是，因为这种思维刚刚萌芽，而且与你之前的思维模式截然相反，因此，你很容易再次陷入固有思维。所以，你应该多想一些能让自己更放松的想法，帮助自己长期维持积极思考的状态。

他们小的时候特别可爱。(顺流)

小时候俩人在一起玩得很好。(顺流)

有时候，寻找放松想法时，会冒出一些原本认为能让自己感觉更好的想法，但却让你情绪更差了。思维转变的过程艰难缓慢，让你心急火燎，原本也许能够放松，却愈演愈烈。即便如此，你依然能够发挥内心的力量。

记住:当下的感受是与此前的感受相比而来,所以,把思维当做一个不断流动的过程,无论何时,你都能选择它的流向。牢记你的目标,放松,放松,放松……如果你发现此刻的感受比之前还糟,不必焦虑,继续寻找让你放松的想法。过些时间,你将达到自己想要的境界。

孩子们都这样,没有不吵不闹的。

这是他们理解生活的方式。

他们有权利真实地表达自己的情感愿望。

他们其实并不烦恼,烦恼的只是我。

如果他们真的为此烦恼,自己也能找到解决的方法。

我的负面情绪只会让这件事更糟糕,还不如让他们自己解决。

我倒很想看看如果我不管了,他们俩会有什么反应。

这件事本来用不着我们费这么多力气。

其实现在想想,我是有点小题大做了。

他们都是好孩子。

我们都知道这一点,包括他们自己。

我真高兴自己可以控制自己的情绪。

能通过自己的想法影响孩子的感受,让我觉得自己很强大。

我理解他们有选择自己意愿和感觉的权利。

我也是一样。

意识到自己有一双不断争吵的子女,会让你在内心的想法中添加更多的期盼,你对于家庭关系的看法将有很大的改变。现在,因为你愿意顺从内心的积极想法,亲子关系会因此而更加亲密和谐,最终,你一定能够到达理想的境界。

你与孩子之间的关系毫无问题,而且,一切都在向良好的方向发展,这是你早就知道的事情。你今生的目的就是更好地生活,确定心中所愿,然后全力以赴,这就是主动创造美好人生的过程。

实例四

我的生活乱七八糟

我想做一个做事井然有序的人，但就是做不到。我爱好广泛，搜集了各种各样自己喜欢的东西，然后把它们一股脑儿地堆在屋子里，于是家里怎么看怎么乱。

我总是想找新的兴趣，却不花时间整理房间。终于有一天，我闲下来了，决定好好收拾这些烂摊子。可是还没有两分钟，我就被烦得不行，想把这些玩意放到合理的地方压根不可能。

我知道，我必须把大部分东西扔掉，才能理出个头绪，可是我怕一扔掉那些东西，就会有什么事需要用到它们。所以，所有的东西我都留着，到现在，它们要把我活埋了。我没法请别人帮忙，因为除了我，没人知道每件东西的重要性和意义。如果有人真的帮我整理好了，又有麻烦了，我怎么知道每件东西放在哪儿了？我知道，我必须把它们处理好，可我就是做不到、做不到……我该怎么办？

你的情况是解释吸引力法则如何运作的绝佳实例。这么说，请你不要生气。

看着堆在屋里的这些东西，你觉得特别绝望吧？可是你越是绝望，你就越是什么都做不了，任由这些垃圾“活埋”了你。所以，你现在也许意识到，目前的重点工作不是收拾屋子，因为你知道自己无能为力。你要做的是:改善你的情绪状况。只有你厘清了内心的情绪,才能做出具体的行动,收拾你屋子里混乱的物品。

我应该把这些东西都扔掉。

攒了这么多没用的废物,我快要疯了。

我想什么呢?

可我要是把它们都扔了,万一哪天我后悔了,或者碰上什么事情要用,怎么办呢?

真是越来越糟。

我这辈子都别想过上井然有序的生活了。

这些都是事实,是你现在感觉的写照,但都无助于你情绪的改善。所以,放下这些事实,放下过去怎么样、现在怎么样。去想想,如果你的屋子干净有序,所有东西摆放得合理而美丽,你既有了自己的空间,又不会丧失爱好,你的心情愉悦极了。之所以这样想,是因为你求助的目的不是你看不清现实,正相反,你看得很清楚。可是,看清了现实却没有让你开心解脱,反而更加焦虑了。这是你想要的吗?你真正想要的是轻松,是做你想做的。你觉得无力去整理房间,无力支配自己的行为。去寻找力量吧,这种力量使你充满信心,不仅可以使你的房间变得整洁,也会让你的心境变得清净。想获得这种力量只有一个办法:走向你真正的内心世界。

有爱好不是什么坏事,更不是什么错事。

因为我有很多爱好,自然需要很多工具和相关的物品,我收集并保留它们也是很正常的行为。

人都有爱好，有爱好是件好事。

我能清楚地记得获得每一件物品时的欣喜和兴奋的心情。

我明白自己并不是漫无目的地搜集物品，而是出于对爱好的追求才寻找、收藏、积攒这些物品的。

这就是吸引力法则的作用啊。

其实我用不着把东西都清空。

收集有趣的东西有什么错呢？

我总能找到好办法把这些东西安置妥当，而且我还可以建立一个收藏目录表，按物品名称和时间把它们排列好。这样，当我想用它们的时候，一下子就能把它们找出来。

当然，这个工程挺浩大的，我没必要一次就整理利索。

我已经在这种无序的环境中生活了好一段时间了，再这样继续一阵子也没什么。

我迟早都会解决这个问题的。

正如我搜集物品时的兴奋和满足，我整理物品并将它们归档的时候，也一定会觉得开心。

此时此刻，你并没有扔掉房间里的任何一件“废物”，可你却觉得陡然轻松起来了。你不再认为自己什么也做不了，也不觉得自己将会被活埋。你看到了自己该怎么做，看到了解决问题的出口。尽管你现在还没有打好所有行李准备上路，但是，你至少知道你该往哪里走。无论什么时候，找到那条对的路，都比盲目地上路结果走错了方向要好得多。而你只有听从内心的指引，摆脱情绪对你的控制，才有可能从迷雾中寻找到那条路。当你自卑、痛苦、绝望的时候，你要问问自己，到底是谁在自卑、痛苦、绝望？是你，还是你的内心？你的内心会告诉你，它永远不会自卑、痛苦、绝望，因为它拥有强大的力量。

也有的人会说，明明现实状况就是很糟糕，却偏要对此视而不见去做春秋大梦，这种做法是逃避现实的鸵鸟做法。我们想说，所谓的“现实”本身就是最大的逃避，因为这只会让你背离自己内心真正的想法。

还有人不喜欢别人总是看到事情好的一面，认为这些乐观主义者不过是孤芳自赏的自私鬼。而我们要说的是，如果你真的芬芳，那么你绝对不可能自赏。你重视内心强大的力量，散发出芬芳的磁场的时候，自然会吸引到热爱芬芳的赏花人。而你的美令赏花人愉悦，怎么能说这种行为自私呢？相反，如果你自我否定，认为自己看到的“现实”都是丑恶的、糟糕的、没有前途的，你又怎么能散发令人愉悦的气息，想来只有一股腐朽之气可与他人共享吧？那么，你的腐气怎么能使他人受惠呢？你的腐气怎么能让这个世界变美好呢？

简直是不可能的任务啊。

实例五

我的前任恶语中伤我

我结婚十多年了,有一个十岁的女儿。去年,我离婚了,前夫和我共同拥有女儿的监护权。我俩住在同一个城市,所以女儿可以在我俩之间生活得很好,尽管我们已经不是一个完整的家庭了。

离婚协议书规定,我们的女儿周一到周五住在我那儿,周末跟她爸爸过,我俩都同意了。其实女儿有时候周末也跟我在一起,不过大部分时间还是如协议所规定的去她爸爸那儿。碰到节假日,无论周几,我们三个人都会争取一起过。女儿特别懂事,对于我们的离婚也算接受了。她奔波在我和她爸爸之间从无怨言,可就是有的时候从她爸爸那儿回来之后,她情绪就不太好,尤其喜欢找我的碴儿。这个时候她根本听不进去我的话,我知道她心里肯定有事。

最近,我终于发现了事情真相。原来我前夫经常跟女儿说我多不好,我倒不惊讶,如果前夫认为我很好,那我们也不会离婚了。可问题是,他说的很多事情压根就没发生过,他在编瞎话。如果他是说给别人听,不管真实与否,我都不在意。可是,听这些话的是我女儿,他这不是明显挑拨我和女儿的关系吗?我真怕女儿会信他的话,我怕她会疏远我。我想跟女儿解释,可我又不清楚我前夫究竟说了些什么。我真的不知道该怎么办,我怎么能让他闭嘴呢?

既然在结婚之后发现跟这个人很难和平相处,那么离婚以后,跟这个人麻烦不断也是很正常的。你是这么想的,对吧?我们想说,这不正常。既然你们两个人的相处会对双方都造成极大的影响,那么使这种影响成为一种好的影响是非常重要的。尽管你们已经不是一个完整的家庭了,可你们还是两个完整的个人啊,更何况你们中间还有一个更重要的人,你们两个都深爱的女儿。

我们想说的是,从法律角度上讲,你们俩的婚姻已经结束,可从社会角度上讲,你们两个的关系仍然存续,而且这种关系永远不会死亡。这是一种共识,所有经历了结婚而又分手的人都意识到这种永生的关系。两个人在一起的时候,问题实在太多,大部分人认为只要离开对方,就可以解决问题,改善两人关系。然而在分开之后,很少人会改变对前任的看法,甚至有些人会更加厌恶或憎恨曾经的爱侣。实际上,当他们考虑离婚是否能解决问题,离婚是否有助于以后两人更好地生活的时候,两个人已经把注意力放在负面的事情上了。过分地关注那些不如意,两人在家庭里形成了巨大的磁场,结果吸引来了最大的负面消息:离婚。而离婚之后,这种磁场依然存在。这就是为什么明明两人已经不在一起生活了,却可以依然保持这种对立的态度和愤怒的情绪。当双方再次开始与其他人的关系的时候,新的婚姻家庭依然会受到这种负面磁场的影响。这就是我们说的,不幸福的人总是碰上不幸福的婚姻。有的人就是这样,无论遇到什么人,最终都是以失败告终。其实不是人不对,而是他本身的磁场是负面的。

我们拼命地要改善我们的爱情关系或者是婚姻关系,光靠跟不同的人尝试共同生活是不够的，或者说，这样做是致命的。如果你不能够改善情绪，摆脱它的控制，找到自己内心真正的声音，你永远是孤单的、无助的。只有找到并保持内心真正所想，你才能缩短小我与大我之间的距离，达到生命中的至高境界。

这个怪圈不能再转下去了，你必须从现在开始学会让自己开心起来：

不跟他一起生活了，真是让我高兴。

从一开始，我就知道跟他长不了。

我不知道自己干吗忍了这么久。

他就是这种人，就是喜欢找事，就是喜欢让我难受。他这么做，我一点不意外。

我恨就恨自己没法保护自己。

他永远都不能给我安全感，改不了了。

我是摆脱不了这段失败婚姻的影响了，它是我一辈子的噩梦。

我们有共同的女儿，他是撵不走的。

良好的感觉不会立刻到来，因为你已经脱离了积极思想的范围，吸引力法则无法发挥作用。你对前夫一直抱怨良多，因此很难在短时间内扭转。但是，也不必强迫自己立刻转变既有看法，只要稍微让思维转个向，开个良好的小头就行。

现在，你真正要做的是：停止对他的所有负面看法，那么，你自然就会慢慢走向积极的方向。尽你所能抛掉那些不快的感觉，每一次努力，都会让你感觉更轻松。这些积极的想法渐渐推动你的良性思维，慢慢积水成河，越来越多的正面想法将向你靠近。

停止逆向思维，不要为自己辩护，不要一味捍卫自己，也不必为这段婚姻的结束找什么理由，或是纠缠在彼此谁对谁错中不能自拔。放弃所有自卫，让你的生命之船顺流而行。

我烦透了总是吵架。
我本不想吵架的。

与之前满布敌意的想法相比，以上两句话有了很大的进步，你也一定感觉自己轻松了些。此时，你也不必刻意去让自己找更多积极的想法。只要学会停止负面思维，放下抗争，便已足够。当然，多一些积极想法亦会让你受益良多。

对于我俩来说，离婚是件好事。
其实谁也不怨，我俩都没有对错可言。
离婚是我们共同的决定，木已成舟。
多亏我们住得很近，女儿可以在我们俩身边，否则的话，她会非常辛苦地在爸爸妈妈之间跑来跑去。
其实不用住在一起，生活就已经比以前好很多了

有时，只要花那么一点点努力，你就能有所收获。你应就此把握机会，让自己产生更多积极的正面的想法：

我知道我们永远都不可能是陌路人，这段关系会一直存在。
我想尽力改善我俩目前的处境。
我不想让女儿觉得没有爸爸，或者她爸爸是个混蛋。
我相信我前夫也是这么想的。
其实，他父女俩在一起的时候也许根本不会谈到我。

我们已经各自有各自的生活了，已经不是对方的全部了。

我想让女儿觉得自己很幸福，而不是父母离婚的可怜小孩儿。

我希望女儿也能理解、尊重并爱我。

我甚至希望女儿也能理解、尊重并爱他的父亲。

我和前夫完全没必要再互相指责争斗。

我对吵架对峙真的腻烦透顶了。

现在，我们这样说，似乎避开了问题的核心所在——“她爸爸总是说我坏话……他说的不是事实，都是胡说的……我不知道他说过什么。”回避那些令人纠结的问题，只有这样，你才能展开正面思考，缓解紧张的情绪。

如果你能真正了解内心所想，并始终关注正面情绪，那么，过不多久，所有负面情绪都会消失。你的前夫也许没变，但你已经走出了负面情绪的泥淖，达到了理想的状态。

当你明白关注内心真正所需，让自己成为理想中的自己有多么宝贵时，你也许能再度喜欢上那个似乎令你无比烦恼的家伙……但是，不要急于有所斩获，让时间决定一切，顺其自然吧。

实例六

我的老公总是对我横加干涉

我是个很合格的司机，从没出过交通事故，而且我可以开车开很长时间。我的方向感不是很好，也不大善于看地图，但是只要我去过一次的地方，下次去我一定能找到。

大部分时间，我和我丈夫共用一辆车。我俩都在车上的时候，他基本上让我开车，可他不是什么事都不做安静地待在副驾驶座位上。正相反，他什么都要管。从我调整座椅的高度到加速超过前面的大货车，甚至我如何倒车入停车位都要听他的指挥。你知道，开车的时候，没有什么路线是惟一的。很多时候，走这条路跟走那条路结果都是一样的。我就不明白为什么我什么事情都要听他的，他的办法就一定比我的办法好？有的时候我承认，他的选择是更便捷经济，可我是什么？我只是一双握着方向盘的手吗？开车就是他的脑子配上我的手吗？我是木偶吗？如果他那么喜欢决策，他干吗不来开车，干吗非要通过我遥控这辆车？我真是无法理解，无法接受。

如果他开车，我绝对会尊重他的选择；如果他让我开，那么我就是决策者，方向盘在我手里。即使他有意见，也应该看我是否采纳。

现在，即使是从停车位倒车出来这种小事也会让我觉得心烦意乱，我总是想着自己到底是按照“我”的意愿还是“他”的指挥倒车。说实在的,每天都是这么开车既让我心情不好,也会造成安全问题。我真受不了这种感觉了,我该怎么办?

你面临的这种状况属于共生问题。也就是说,并不是你丈夫一个人创造了这个困境,而是你两个人合力创造的。一开始可能只是你俩遇到一个岔路,你不知道该走哪条路,而你丈夫迅速而正确地判断出了方向。后来这种事情在不断地重复,直到现在成了"你受不了"的处境。

通常情况下,当事者迷,旁观者清。在你不知如何是好的时候,别人的意见通常可以帮你理出头绪、走出困境。可你的问题是,这个旁观者太清了,他什么都要给你提意见,不管你这个当事者需不需要别人的意见。他代替了你的内心,帮你作决策,而丢失了内心方向的你开始觉得迷茫、焦躁。而你越迷茫,就越觉得自己需要别人的引导,你的丈夫在这个时候就愈加地希望能帮助你。所以,这是一个恶性循环。你们两个人在这种恶性循环中都扮演了"凶手"、"坏人"的角色,你俩不仅固定了开车时的一种行为模式——你开车,但由你丈夫来决定路线和方式;而且也形成了一种情感模式——你因迷茫而需要帮助,你丈夫必须帮助你,却只会令你更迷茫。

在你烦躁痛苦的时候,你觉得无路可走。你的车技和认路能力也无法提高。而且从你的字里行间,我们可以看出,你对自己开车的能力非常有信心,也认为自己不需要再提高什么了。这种自信也是一种死胡同。因为你自信的同时,又的确总是遇到问题,需要你的伴侣帮你处理——比如方向问题。这就非常矛盾,你认为自己做什么都很好,可是偏偏总有人指出你的错误。

很多人面对你这种情况,都会建议你干脆让丈夫开车,或者你俩分别开自己的车;或者告诉你的丈夫管好自己的事,别横加干涉你开车的自由。可问题是，你很清楚，你的丈夫并非每次都是“横加干涉”，实际上，大部分时候，他的建议就是正确的，而且对你来说非常有用。

只有新问题产生的时候，以前的问题才不成为问题。也就是说，你无法完全消除一个你不想要的东西，如果你这么做的，紧接着你就会遇到下一个问题，而这个新问题正是由于你消灭了旧问题而产生的。你今天告诉你的丈夫：“以后我开车的时候，你不要发表意见。”而且他尊重你的决定，以后再也不开口了。你会怎样？你在开车时会遇到很多问题需要请教你的丈夫，而他这时候不能再给你意见了。这就是新问题。你以为你只是要一个在车里保持沉默的丈夫，实际上你要的不是这个。

你要的是自己的判断力，自己的力量，自己内心真正的声音。这些东西在你丈夫建议你如何开车的时候走掉了，离开了它们，你觉得自己特别无助。简单地说，你不知道自己在干什么，也不知道该怎么做。

我们可以保证，当你找到自己内心的力量，自如控制情绪的时候，你会发现，你的行为也变得准确、清晰、果断了。正如你自己说的，去过一次的地方，下次再去，你一定会牢牢记住路线。这就说明你拥有极好的记忆力，也说明你有敏锐的头脑，这些都是一名优秀司机必须具备的素质。只不过，当你丢失内心力量的时候，你的记忆力、头脑全都不运作了，就像好机器却没有燃料一样。你的伴侣也许还像以往一样，在需要作决策的时候，想用自己的力量来提供绝佳的意见。可是这次他发现，他的力量弱于你，他的速度也不如你，而且，他也不如你那么精确。他不再怀疑你的能力。因为你俩是共生的关系——毕竟你们是坐在同一辆车里，所以，他的共生欲望会驱使他听从你的选择——更好的选择。

要知道，一个人是无法改变另一个人的，你也无力改变你的伴侣。你要求他像你说的那么做，他做不到。可是，如果你可以找到自己的内心力量，不用要求，一切都会顺利起来。

所以，你现在明白自己要做什么了：不是要求丈夫怎么样，不是再买一部车，不是去背地图。你要去找自己的内心，找自己丢失了的力量，找情绪的控制力。

有人这么跟我说："说实在的，你有点讨厌啊！你总是建议我们去做这个去做那个，你从来都不说让我们身边的人如何改变。这很不公平啊！明明是他们做错了，为什么到头来要改变要忍让的还是我们自己呢？真是不甘心。"很遗憾，我们不能教你去改变别人，只能告诉你改变自己的想法。但是，你可以对比一下，到底是改变别人更轻松，还是改变自己更容易？到底是改变别人让你信心满满，还是改变自己让你充满力量？要知道，如果你要改变别人，那意味着所有跟你打交道的人，只要有不合你心意的行为，都要被你努力改变。而改变自己，你的目标就永远只有一个。你可以这样理解这件事：

只有我是必须改变的。（逆流）
我有能力主宰自己的生活。（顺流）

当你立志要改变他人的时候，你希望通过改变他们的行为，来让你自己的生活更顺畅幸福，是吧？可你注定要失败，因为你没有力量和能力控制别人的行为和思想。

可当你立志改变自己的时候，情况就不一样了。你与你的内心交谈，你找到渴望已久的力量。你知道你可以控制自己，不依赖别人的态度，你也可以找到快乐的源泉。这一切都令你感到开心，你自由了。

如果你试图揣测丈夫的心理，而且这种揣测让你发疯：他是不是遇到过特别糟糕的司机？他要是不管我，是不是就觉得自己没事做？他是不是个控制狂啊？或者我开车技术真的是很差，差到他不得不帮我……这样的猜想只会让你的否定情绪高涨，你不仅否定你的丈夫，更会否定自己。而你强烈的否定会形成强大的磁场，正如你说的，这样负面的情绪甚至会造成车祸，危及你们两个人的生命安全。

猜测缘由只能加剧矛盾；试图依靠行为阻止也只能加剧矛盾。惟一能解决问题的就是改善自己的情绪，找到内心的力量。

那么好，说了这么多，我们开始梳理你焦躁的情绪吧：

我不喜欢我开车的时候丈夫在旁边指手画脚。

如果他那么喜欢指挥，他应该干脆自己来开车。

是的，我承认，有时候他的建议是有效的。

他不看着我看车，也意味着他可以看看别的，比如路边风景什么的。这对他也有好处。

有时候，两个臭皮匠的确顶一个诸葛亮。

我开车走错路的时候，他从来没埋怨过我。

他也没说过什么刻薄的话让我不高兴。

他建议我走这里走那里，其实也都出于好意。

我们在一起的时候，我能强烈感到我俩是一体的，很亲密。

有个关心我的伴侣，是件幸福的事。

我很感谢他的关心。

我也很感谢他的建议和帮助。

我的车技很好。

我是个好司机，他是个好助手。

我们是一对绝佳的组合。

实例七

我烦透了我的工作

我在现在的单位工作不满一年，干得还不错。这是个很小的公司，类似家族企业，总共也不过二十几个人。有些职员是老板的亲戚，但大部分还都是外聘的人员。我在这里工作的时间最短，主要是负责一些日常事务的处理。因为公司太小了，很多事情都不好说是该谁做，所以我也做了很多不是我职责范畴之内的活儿。我的表现很不错，做事比别人都快，效率也高。我挺喜欢这份工作的。

可我也有烦心的事。我发现这里的很多职员都特别懒散，根本不会投入地去处理事情，什么事都是差不多就行了。而我认为做事就应该做好，更何况这是工作。所以，很多人都非常讨厌我这么"卖力"。他们认为我的"尽职尽责"对他们的"得过且过"是种威胁，我不该把工作标志哄抬得这么高。私底下，他们尽说我的坏话，有时候甚至公开污蔑我。

我喜欢这里，其实我可以做公司里很多方面的工作。可是我发现我做好的事情往往成为别人的功劳，而他们做错的事情就被推到我和其他几个新人的头上。我气得好几次都想跟老板去报告，可我不想惹事，也怕成为办公室里被攻击的靶子，只好次次都忍下来。

我也想过辞职，再找一份工作。可这已经是我的第四份工作了，每次都是这样。也许工作就是这样，哪里都一样，天下乌鸦一般黑。而且每个新工作一开始，我都得从最低级做起，拿最低的工资，熟悉新的环境，接触新的人，真的是很累。

我不知道该怎么办，我不想走，也不想继续在这里待着。我是不是应该去买彩票？

至少你意识到了"天下乌鸦一般黑"，也就是说，你发现自己无论怎么变换工作环境，却总是遇到同样的工作模式。

在你的工作历程中，以往的经验一再发挥作用。你可能不信，因为一般人都会时刻关注自己的处境。但是，你越是执著于现状，就越是关注这些令你不开心的事情，于是，就会吸引更多不开心的事情。但是，关注现状也有好处，就是你发现自己不想要什么，就会生出自己想要什么的愿望。

所以，当你觉得职场不公的时候，就会在内心中想象一个理想的工作环境，于是随时都在关注这方面的信息。现在，你之所以产生许多负面情绪，是因为你依然在关注负面的事物。接下来，我们分析一下积极思考和消极思考的过程，也许，这能帮你找到理想的工作环境。

我认为，工作不努力是错误的，而大多数人却偏偏都在这么做。

看着他们拿了不少的工资却没干多少活，我特别不舒服，因为这很不公平。

他们好像认为只要自己来上班，不管干不干活，都能拿到工资。

他们好像认为只要签了合同，是公司的一员，那么不管活做没做完，做成什么样子，工资都得照样拿。

我工作的时候,必须尽心尽力,可却拿不到相应的报酬。

公司的老板永远都不知道谁在工作谁在混日子。

我发誓,他们要是知道的话,肯定会把那些做一天和尚撞一天钟的家伙都开除。

当你开始练习转变观念的时候,依然会对当下的处境有许多负面情绪。吸引力法则会一直回应你最活跃的频率。所以,只要你对什么东西不满,脑中就很容易被负面思维占据。我们的思维练习,就是要帮你撇开负面思维,转向积极的正面思维。到时候,你就能感觉到事情在慢慢地好转。现在,你可以继续向放松情绪的方向思考:

其实,去或者留都不是最关键的问题。

公司的管理者是否了解员工工作的状况,我也不知道。也许他们非常清楚呢。

公司的管理者并没有询问我的意见,所以我没告诉他们我看到的“事实”也不算错。

其实,我对于别人在做什么了解很少,只是他们看起来像在混日子而已。

我也判断不出来他们的行为动机是什么。

别人做什么,不做什么,跟我没有关系。

我喜欢工作环境中的多样性,大家的状态不一样正是有趣的所在。

在工作中,我总能找到喜欢做的事情,这本身就很不错。

不管交给我什么工作,我都能迅速地投入进去。

只有我跟别人打交道或者催促某人做某事的时候,我才会觉得有点烦。

如果我乐意,不管发生什么事,我都可以让自己开心起来。

能把别人对我的意见挡在我情绪的外面,这就是我的本事。

实际上,我也不知道别人到底是怎么看我的,我也只是能看到他们的情绪而已。

对于他们对我的想法,我也有我自己的想法。

如果我乐意,我可以控制我自己的想法。

现在经历的一切会更让我明白我想要的工作环境是怎样的,一旦我清晰了我的目标,我就更容易找到它。

所以,现在令我困扰的事情恰恰是给予我指引的事情。

是否能遵从指引找到我想要的,关键看我能不能听从内心的指引,而不是他人的影响。

我可以选择开心,或者不开心;听别人对我的评价,或者不听。不管怎么样,我自己做选择。

实例八

现任丈夫和处于青春期的儿子关系不好

我结过一次婚，和前夫有一个十几岁的男孩。现在丈夫和正值青春期的儿子相处得非常不好。他俩倒不是公开地对峙，我丈夫总是挑儿子的错，或是命令孩子去做他不想做的事。

我儿子特别聪明，也很独立。要是他对什么事情感兴趣，就一定会努力做到最好。但不管做什么，他都有自己的方法，不喜欢别人插手干涉。偏偏我丈夫就爱干涉，俩人的关系因此越来越僵，我夹在中间，左右为难。

我丈夫有点大男子主义，对于教育孩子也是如此。他总觉得孩子就得按照大人的指示做，有的时候儿子说话稍微过分一点的时候，他就会大发雷霆，认为孩子不够尊重我们俩。其实，孩子到了十几岁都会有点反叛，这并不是说他就是坏孩子。可我不想跟丈夫唱对台戏，毕竟作为家长，我们俩是一个阵营的。

他们每次吵得不欢而散的时候，我都很郁闷。我怀疑自己当初的选择，重组家庭真的是有很多问题。是不是所有的重组家庭都会遇到这样的问题，还是我真的选错人了？

当你夹在儿子和丈夫之间时，一定很难受。但是，这个尴尬处境会帮你认识到一件重要的事：与人相处其实很简单。只要你愿意体谅别人的心意，就能维系良好的关系。

只要你满足别人，他就会喜欢你，许多人都以此应付人际关系。人际关系中，一定有人处于掌控地位，有人主导，有人服从，各自扮演好自己的角色。也许你不相信，但是事实确是如此。但是，如果有第三者加入，向你提出其他要求，那么，这段关系就开始受到威胁。

比如你的情况，你与儿子之间的关系早就很稳固，也许你没有意识到，在你们的关系中，你儿子扮演的是主导的角色，你则是顺从的角色。你儿子自强独立，生活中也很顺利，因此你不想约束他。但是，在你重组家庭之时，现任丈夫进入你们的生活，想要主导这段关系，于是，原本的平衡被打破。

想要让人快乐并不难，但是，当两个人提出不同的要求，你就只能选择站在哪一边。如果他们与大部分人一样，得到满足才能愉快，你就有麻烦了。因为你无法取悦两个有着不同要求、甚至是互相敌对的人。你越是想要两人都满意，就越是做错，最后，每个人都不开心。

丈夫和儿子都很在意你的想法，这让你感动，却也让你陷入困境。**想满足所有人是不可能的，你一次只能满足一个人的愿望。**

我们建议你以崭新的做法对待他们，也许习惯了你已有方式的他们不太适应。从此之后，你努力使自己的思维与内心真正所需相契合，不要考虑他人的看法。

起初，也许你的做法会产生一些暂时性的混乱，但是，慢慢地，你就会看到好的事情发生。试图使自己取悦所有人的人，只能疲于奔命，然后濒临绝境。做人须先取悦自己，寻找内心真正的力量，才能成为想象中的自我。

满足自我后，才能满足他人；然而，对方也必须学会寻找内在，才能从真正的意义上得到满足。你应该让他们明白，人必须自己寻找内心安乐。如此，你方可真正解脱。

我们来看你目前的困境，然后努力去追寻快乐生活的方向：

我丈夫和我儿子无法相处。

我觉得他们一点也不喜欢对方。

我丈夫在对待教育孩子的问题时，手段过于强硬，缺乏理解和关爱。

我儿子分明是故意在小题大做，他巴不得这个家硝烟弥漫。

以上都是你这些日子以来的感受。现在，你可以想一些感觉更轻松的说法。这些在生活中常见的问题，你总有机会一一解决。当你努力正面思考，即便是表面看来一切并未好转，然而，你的积极频率将更加协调。只要你有决心达到自我契合的境界，必能发挥巨大的影响力，收到惊人的效果。于是，不必等丈夫和儿子做出改变，你的心情首先将变得轻松愉快。

还须注意的是，之所以会出现父子失和的状况，部分原因是因为他们在对你察言观色，然后互相埋怨对方。只要你无视他们之间的矛盾，二人的斗争必然大大减少。也就是说，你可以少做点火上浇油的事情，就让战火燃烧去吧。你可以这样想想，给自己的心情加点料：

他们俩都是好人。

在一个重新组合的家庭中，两个人都努力地在寻找适合自己的位置。

其实在他们的行为中有很多互动，不过我没必要去一一分析。

好，你可以停一下，看自己的感觉是否好了许多。当然，你也可以继续积极地想，能带来更多好的反馈：

我现在明白，我才是让事情越发不可收拾的人。如果我不那么过分关注，或者过分参与，他们两个也许可以自己解决问题。

也许，这样想会让你重新回到负面情绪之中，因为你又开始自责了。所谓冷暖自知，一种想法是让你开心还是难过，你最清楚。因此，只要继续积极思考就可以了：

不管什么事，早晚都有过去的一天。
儿子早晚要长大，离开家，过自己的生活。

在想到第二句话时，你也许会感觉不舒服，因为你不想看到儿子因为受排挤而远离家门。所以，你要重新思考，让思维更积极：

所有的孩子都需要自由、自主权。
大部分孩子都在自己真正能独立之前特别渴望独立的感觉，正因为他们不能独立，才特别渴望独立。
对于孩子来说，谁管他们，他们就要推开谁，甚至还要踹上一脚。
尤其是这个要来管他们的人还是一个新的家庭成员，他们的反叛情绪就会更加高涨。

尽管上面的想法能让你稍微体谅一下孩子的行为，但是，却

可能引起你对丈夫的不满。此时,针对这一点,你可以继续做积极的思考:

对于我丈夫来说,这种问题是他以前没有遇到过的,也不知道该怎么处理。

我知道他已经在尽自己最大的努力来和儿子相处了。

他试图在这个新家庭中找到自己的位置。

我明白我对整件事情是有自己的立场的,我过于偏袒儿子。

如果我能转移对这件事的关注,更加在意自己内心的平衡,那么效果也许更好。

我们都想舒服幸福,而我的情绪可以反过来影响别人。

幸福的感觉是可以传染的。

我很善于调整情绪。

生活要有点游戏精神。

我们很容易就把生活搞得很紧张。

其实什么事都没发生。

在别人看来,我们一家人已经是非常幸福的了。

看着自己的想法进展到这里,我觉得很骄傲。

看到我能跟内心对话并获得一种平静,我也觉得很骄傲。

我不想控制任何人,但是运用自己的力量控制自己的情绪却非常好玩儿。

如此往复,只要你不断默默练习,习惯积极思考,你的影响力会无比强大。陷于父子斗争中的痛苦,让你明白自己真正想要的家庭关系。不断地积极思考,契合内心的愿望,将让你拥有真正理想而美好的幸福家庭。

实例九

父亲去世了，我的生活也因此失衡

大约一年前，我父亲去世了，直到现在，我还没有从悲痛中缓过神来。我不明白的是，我的悲痛从何而来？我离开家已经20多年了，一直独自生活。他去世的前几年，我更是很少见他，每次都是匆匆忙忙地回家看看，一年大概也就几次。可就是这么几次，我们也没什么可说的，大部分都是沉默和一些毫无意义的对话。我一直认为，自己跟父亲之间的鸿沟很深；可当他真的走了，我却如此痛苦。为什么呢？

比如，如果你一直为某件事苦恼，你已经连着好几天都在殚精竭虑地考虑这件事。这时候，你跟另外一个人聊起你的苦恼，他很快就认同你的苦恼是正常的，并长时间地、更具体地跟你讨论你的苦恼。对你们两个人来说，针对这件不是很让人高兴的事做讨论，要比换个全新的话题更省力、更简单。如果还有其他人也参与了你们的讨论，那么，他们很可能也很快地投入到你的"苦恼主题"中去，因为你俩形成的讨论磁场实在太强大了。当然，其余的人也许会受不了你的苦恼，起身离去，或者中断讨论。但是，他们几乎不太可能更换一个跟眼下"苦恼"不太沾边的话题，他们做不到。

同样，如果你还是孩子的时候，你正是学着如何对周围的环境产生反应的时候，你的反应会形成模式。因为你多年都处在同样的环境中，父母为你营造了这样一个家庭磁场，你会形成一套完整的思考、行为、反应模式，它们虽然形成只需要几年，但在你今后的日子里基本不太会改变。由于这种模式有惯性，而随着惯性向前更容易、更省力，所以，不管你是否离开家，你都会遵从这种行为模式。

也许你感觉不到自己对人生遭遇的直接反应，因为你的所有反应，都是受早期反应模式的影响，根深蒂固，即便岁月流逝，依然没有改变。

当然，你未必认同父母的行为，我们所说的是，你对于安稳、喜悦、幸福的概念，是在你幼年的环境中形成的。随着时间的推移，你对于幸福、愉悦的感受依然在潜意识中活跃着。**吸引力法则将回应你的思想，当你现有的思维中仍然有过去存蓄的模式时，你就无法摆脱过去。**

但是，时至今日，你的生活积极丰富，充满阳光，幼时思想已经成熟，发生改变。所以，现在你的思维所散发出来的能量，与过去毫不相关，因此，在潜意识中，你仍然会继续守望未来，稳固自身，吸收更多崭新的思想。这是所有人必经的道路。

父亲离开人世，你的关注点立刻回到从前。在治丧期间，你不断回忆往昔，想起孩提时的时光，与那些很多年没有见过和挂念过的亲戚朋友交谈。在这段时间里，你沉浸在丧父的哀痛之中，过去的一点一滴再度活跃，这却与你现有的思维状态不符，因此，你会感觉生活失衡。

生命是一个成长的历程，它让你拥有越来越多的愿望，你一直在追寻着它们，努力跟上成长的脚步。当父亲离开人世，你从原本描绘未来美好蓝图的状态,突然转为沉浸过往的状态。人生前进方向突遇湍流,痛苦在所难免。

如果你也是一个平凡人,通常会有过这些经历:呱呱坠地,体验世间人情冷暖,明白自己的理想诉求。但是,你的父母却未必认为你的理想是正确的方向,也许曾经反对过你。有时,你会妥协;有时,你会遵从内心所愿。当你立场坚定不动摇时,父母则毫无办法;如果他们态度强硬,你就要做出妥协。这是你自己的人生,因此,大多时候,你能够得偿所愿。如果你是为了满足别人而做事,必然导致自我失衡。然后,你不再与父母讨论一些事情,于是他们无法左右你。慢慢地,你与父母的关注点,就会转移到没有对方插手的事务上。

人一旦脱离令自己不快的环境,就会感到无比轻松。但是,当人尚未调整好心态,又进入另外一段复杂的关系时,多半会重演同样的问题。比如,当父亲的太独断专行,女儿愤而离家出走,可到头来,竟然嫁给了同样大男子主义的丈夫,真是令人崩溃。

现在,我们从遵从内心所需和关注外在的角度,来讨论你与父亲之间的互动关系。这些年来,你与父亲的关系发生了翻天覆地的变化。也许,你在这样想:

我觉得难过。
我特别伤心。
我没想到父亲会走得这么快。
我无法控制这种状况。
他在的时候我没能多陪陪他,我觉得很遗憾。
我们俩都不喜欢对方。
实际上,我并不知道他在想什么。

我也不知道他想要什么。

真希望他的人生可以更完美。

这些想法清晰地显示了你当下的思维，在这种情况下，有这种反应没有错，你不必自责。从以下语句，你能看到这种思想给你的回馈：

我一直想改善跟父亲的关系。

我尝试得还不够。

我不知道应该怎样做，如果我知道，在父亲还在人世的时候，我一定会去做的。

我们的关系算不上糟糕。

也许，我们之间没有大家所谓的那种“父子情”。

这样的想法，依然对心情没什么改善。你可以继续培养积极的想法：

我们的关系就是我们的关系，不好也不坏。

其实我们只是对方生活中的一个部分，很重要的部分，但也不是全部。

我希望我不是为了他而活，也不希望他是为我而活，尽管我们是父子。

也许什么事也没有。

也许我们就应该是这个样子。

感觉舒服一些了吗？稍微放松一下，暂时忘记哀伤，抓住这个感觉，继续正面思考的旅程：

但是,其实我还是希望……

我和父亲的关系是人生中重要的一部分,但不是全部。

对于父母为我的人生所铺就的道路,我感激万分。

人生如同时光,一旦逝去就无法回头。

我不想重头来过。

你是不是感觉轻松了许多?我们继续:

有许多事情等待我去思考。

我经历了很多,这些事带给我丰富的人生经验。

过去的就过去了,它是我重要的一部分,但是,珍惜眼前才最重要。

回顾前面所走过的路,我真的非常开心。

我坚信,我的未来会更好!

在这个过程中,过往的所有会一一浮现在你的眼前,你却懂得该如何处理。

当父母有一人过世,会令你正视死亡,并感到人生不易,生命脆弱无常。过去的碎片让你坠入无限悲伤。这时候,你要明白,现在所有哀伤的情绪都是负面的,要走出困境,应该寻找让自己心情明快的想法。通过这个训练思维的过程,能够让你走出泥淖,化解内心深处的抗拒情绪。

我们坚信,只要你愿意尝试,不但能找到更多令人愉悦的想法,也能找到内心真正的力量。此时,当你从更广阔的天地回忆过去,你会突然发现,少年时光充满了美好与甜蜜。

我有一个美好的童年。

回想起来,有许多快乐的记忆。

我感激父母，尊重他们，是他们开启了我探索人生的航程。
他们指引我的人生，给了我绘制自己人生地图的自由。
生命真的很美好。

人的一生，总会有许许多多的经历让你坠入负面情绪，而且，你无力掌控。

你无法阻止父亲离开人世，无法改变他的个性。但是，只要你关注内心的真正感受，学会正面思考，有意识地顺应生命之流，不管你处境如何艰难，都能拥有一个愉悦的人生。

实例十

我什么时候才能长大

我是个高中生，跟父母住在一起，很普通的一个人。我的学习还可以，但我讨厌学校。当然，我有自己感兴趣的事情，而且有几个相当好的朋友。

我父母对我做的每一件事都不满意，他们总是找我的碴儿，我快疯了。不管做什么，我都要先征得他们的许可。可即使得到许可了，我也总是做"错"，要么就是预谋着犯"错"，反正他们就是这么想的。所以，现在跟他们在一起我就难受，甚至我都不想回家了。

我真希望能马上离开家自己住，干点自己喜欢的事情，不用像个犯人一样被爸妈看着。可我知道，我至少得完成学业，否则，我拿什么养活自己呢？

在家的时候，我希望爸妈不要老管着我。否则，一见他们，我就觉得自己是不是又做错了什么。实际上，我什么也没做啊。他们到底想干什么啊？他们就不能过他们自己的，然后也让我过我自己的日子吗？非要互相干涉他们才高兴吗？

如果顺水推舟的话，我们当然可以说，如果你能站到你父母的立场，去感受一下他们的苦衷，你的问题可能就不是问题了。但事实上，我们只能通过自己的眼睛看世界，所以，你也无法站到你父母的立场,正如你的父母也无法站到你的立场一样。吸收他人好的建议固然不错,但自己品味人生,确定心中理想,是不是比按照他人的指导生活更轻松呢?

简而言之,亲子关系失和的原因是:父母通常认为,自己吃的盐比孩子吃的饭都多,他们的经验可以为孩子创造捷径,于是会忽略“这是你自己的人生”。父母生你养你,助你成长,将你的健康和幸福当成生活中最重要的一部分,使你禁锢在他们的意志之下,这就是你之所以感到苦恼的缘故。

当你逐渐成长,父母会根据既有的人生经验,规划你未来的发展,按照他们的愿望来期待你能达成他们所谓的幸福。他们想要控制你的行为,看你按部就班地走他们铺就的道路。如果我们能拜见你的父母,一定会劝阻他们,也会引领他们找到真正的内在。

我们希望你的父母明白,子女没有迎合父母的义务;你也没有要求父母为你改变的权力。

我们知道,父母的做法让你心生不快。但是,你可以换个角度来看父母的做法,只有这样,你才能真正从困境中解脱出来。如果你认为父母要是不改变做法,你永远都不快乐,那么,你将走入死胡同,只好离家出走。

只要你主动积极寻找正面思维,就能与理想中的你相契合。此刻,你的洞察力、自信、心情都会好转,而你也会更加快乐。你拥有的这些,也是你父母愿意看到的。当你展现出如此强大而有力的自己,父母也会渐渐地不再干涉你的道路。

现在,你也许会迟疑:“可是,好像只有我在努力调整自己的思维,达到自我契合的状态,于是心情愉悦,那么,父母就会认同我。只是我在努力,他们却什么都不用做,难道他们就不能做些什么,让我更开心点吗?”

我们想说的还是之前说过的那些话。你要是总是等着别人先改变,将永远处于被动地位,因为你无法控制别人的行为。如果你能认识到,自己的感觉只与内心所需相关,不在乎别人的行为,努力调整自己的积极情绪,达到内外合一的状态,你便能获得真正意义上的自由。

所以,我们不建议你不情不愿地站在他人的立场思考,这和让他人改变所作所为来取悦你是相同的效果。许多人认为,这就是自己想要的,实际上,这样做只能让事情更糟糕。

在你的人生旅程中,如果别人事事迎合你,你才感觉高兴,那么,未来之路必然坎坷,要么一步一坎,要么毫无激情。调整自己的思维,改善自身感受,便能达到内外合一,保持健康快乐的情绪。于是,你能发挥更大的影响力,前途事业更是顺风顺水。控制自己思维、改善自我感受容易,期望他人改变行为难如登天。

下面,我们来描述一下你可能遇到的处境,以及你可能有的反应。据此,我们会告诉你怎样积极正面地思考问题,让自己更好过。

你和父母说,你想要和朋友计划去哪里玩。你所知道的是,他们无法阻止你去玩,但还是会啰唆一通,说你滥交朋友,还对你们的计划指手画脚。于是,你心里就开始抗议:

你怎么知道什么是对我有用的?
你怎么知道什么是让我开心的?
我觉得你们俩根本不知道什么是"开心"!
我觉得你俩就根本没开心过!

当他们态度如此恶劣的时候,你这样想也很正常。不过,你想过没有，你这种想法是很负面的。

你们不理解我的生活。

你们根本不会试着去了解我的朋友，哪怕一丁点。

我根本看不到你们努力过什么。

我们能体会到你的感受，但是，你现在依然沉浸在负面情绪之中。别要求父母改变什么从而使自己好受，好吗？你得让自己快乐一些才行：

我不需要你们因为我而被迫接受我的朋友。

通过我自己的生活经历，我已经验证过他就是个称职的好朋友。

至少你们没有试图控制我的人生经历。

我一离开家见到我的朋友，就立刻高兴起来了。

我猜，也许你们是出于一片好心，为我着想。

现在，你感觉好些了吧？

但是，我不认为你能比我更清楚什么才是真正对我好的。

不过只要你们是为我好，我就感谢了，至少我不应该批判你们。

我还是要出去玩的。

你们不能阻止我。

事情本来也许更糟。

也许我的处境并没有我以为的那么糟。

在这个过程中，现状依然没有改变，父母仍然喋喋不休，你则我行我素。但是，因为你试着往积极的方向思考，发出了更正面的能量，于是，你和朋友一道约会时，就不会像从前一样怀着对父母的怨气玩耍，心情会非常轻松自在。你不会对朋友抱怨父母对你的管束，潜移默化中行为也不会受父母的影响，能更投入地享受出游的美好时光。晚上，与朋友各自分手之后，你也不会像以前一样，对回家充满了恐惧。

一旦你找到内心真正的力量，内外合一，就很可能影响父母。在你回家之后，也许父母都已经休息了，不再像以前一样，守在客厅里等你回来。无论事情表面是否有所改善，至少，你变得快乐，情绪积极饱满，而这已足够。

实例十一

死党在背后中伤我

我是一个高中生，我有一个从小玩到大的好朋友。可不知出于什么想法，她现在总是诋毁我，我知道她是故意的。在我面前的时候，她就像什么都没发生似的，假仁假义地说些朋友说的话；可是一转身，她就开始在别人面前编造关于我的坏话。更糟糕的是，我不知道她到底在跟哪些人说，也不知道她说了我什么，我连指责她的证据都没有，只能眼看着流言蜚语满天飞。我觉得我快疯了，我想象着身边每个人都听了她的谎话，于是，每个人都开始讨厌我。她为什么要这样做？我怎么做才能阻止她？

我知道，我要说的肯定是你最不想听的，可是我相信，解决问题比像小丑一样逗你开心更重要。你问这样的问题就说明，你才是整个事情的关键。如果你继续陷在“她为什么这么做”这个流沙坑里，你只会越来越不明白，越来越苦恼，越来越气愤。你自己形成了一个气场，而这个气场只会吸引更多“不明白、苦恼、气愤”进来。不等你有反应，你已经被整个负面能量的流沙坑埋葬掉了。最终，你也许会发现，背后中伤你的朋友还不止那一个。

想阻止或者改变别人做某件事的方式，其实本身就是蚍蜉撼大树——完全不可能。即使你有泰山般的体魄和金刚般的力气,你可以控制对方的身体行为,却对他/她的心理行为无能为力。即使你真的成功限制了对方的身体行为,对方也会以同量甚至更大力量的心理行为来反抗你。这是能量守恒定律,谁都得遵守。

你的力量不在于改变他人,而是改变自己对他人所作所为的直接反应。你无法掌控别人,至少能够自如掌控自己的情绪。

无论你关注什么事情,本质上你就是在为这件事灌注力量,在为它建立一个气场。所以,如果你关注的事物与内在的自己相吻合,双方就会合而为一,你会感到无比愉悦。如果你关注的事物让你感觉很糟糕,这说明双方气场不同。此时,你只需将专注力集中在与内在相契合的事物上,并一直努力,这样不但能保持好心情,人生之途也将越走越宽。

很多人听了这样的建议都无法理解,为什么明明是对方做错了事情,却偏偏要我们修正自己的观点?“那些编瞎话的人呢?就没人管他们吗?就任由他们这样吗?我是受害者,我干吗要改变自己的观点,配合讲别人坏话的三八婆呢?这是什么道理?”

可问题是,如果你的情绪快乐与否完全要仰仗别人的行为,那么你一辈子也别想开心。你生活在一个由无数人编织的网中,每个人的所作所为都可以让你大喜或者大悲的话,请问,你岂不是一个提线木偶?更可悲的是,攥着线的人很可能是八竿子打不着的陌生人。如果你无法控制自己的喜怒哀乐,那人生岂不是一场无尽头的悲剧?

当有人故意编造有关你的坏话,那说明这个人本身有问题,她/他很可能缺乏自信，内心缺乏统一和谐，每日生活在挣扎、矛盾和自我欺骗中。也许很多人会建议你要帮帮你的这位朋友，毕竟你们是十几年的朋友，这样的友情无比珍贵，应该珍惜。很可能你也很想这么做，但是你要知道，你如果是出于可怜她的内心不平衡，而给予她怜悯式的关怀，会令她内心更不平静，激起她更多的反抗心理，结果是事与愿违，你们的友情也许就此破裂，永生无法修补。

如果你想帮你的朋友，就得先看到她的优点和好处，而在这之前，你又必须和你的内心保持和谐，忠实于你真正的想法。那么，我们下面就来由浅入深地揭开你内心的幕帘，一层一层剥开你思维的外衣，甩掉它们，你就会越来越轻松。而当你专注于这种轻松愉快的感觉，你也就完成了所有的任务，剩下的事便是自然而然发生的。

好吧，我们开始了。你最开始的想法是这样的：

我所谓的朋友竟然故意编造瞎话来伤害我。

我就是搞不清楚她干吗这样做，我也不知道该怎么让她住手。

她再也不是我的朋友了。

朋友是不应该这样互相伤害的。

应该说，你这些想法都没错，一般人受到朋友在背后的恶语中伤，可能都会有这样的反应。可是，这些想法只能让你更烦恼。好，那先忘了这些没用的想法，看看你还想到什么别的让自己更开心的：

大家就是喜欢听关于别人的坏话，为什么人都这么三八？

我不知道她都跟谁讲我的坏话,也不清楚她到底编了些什么鬼话。

这些,也对。可这种情况是你能掌控的吗?所以,以上的想法也都是毫无意义的。记住你的目的是从背叛和愤怒的情绪中解脱,而不是一遍又一遍地重复这些让你苦恼的事实。好吧,我们接着来:

她不可能去跟世界上所有人说我的坏话。

如果她总是有这样的负面情绪,跟她接触的人也会感觉不好,想要避开她。

当人听到别人的流言蜚语的时候,通常会琢磨背后的主谋是谁,不会所有的话照单全收。

也许大家不像我想得那么喜欢八卦。

我不是别人的生活重心,没那么多人吃饱了撑得成天关心流言中的我做了什么。

我得说,以上的想法证明你进步很快,情绪稍微有所改善。体会这一刻你内心的感受,这是你调整情绪、反击谣言的最佳时机。试想,如果这个时候有朋友听到谣言前来和你对质事情的真相,你的微笑、你的轻松、你的愉悦会说明什么呢?你的朋友马上就会明白,你与谣言无关。相反,如果你暴跳如雷、脏话连篇、怒发冲冠,尽情挥洒你的愤怒、你的委屈、你的不满,你骂制造流言的人是个"疯子",听信流言的人都是"傻子",帮着传播流言的都是"缺心眼"……相信你还没骂够,所有的朋友就都已经退避三舍了,你的表现跟他们听到的分明是一样一样的啊!

这不是你想要的结果。加快脚步调整自己的情绪,让自己尽量关注事情好的一面，你不再烦恼，甚至快乐幸福，所有人跟你相处都如沐春风。那么，当他们再听到不实的谣言时，便会想："这全是假话，看看我面前的这个人是多么令人愉快啊！"

是啊，你是多么令人愉快啊！但还不够，你要继续深入地挖掘你的想法，看看还有哪些宝藏埋藏在你心底：

我想让我的朋友感觉好点，尽管她曾经伤害过我。

有朋友真好！

月有阴晴圆缺，人有悲欢离合。一年三百六十五天总要分好日子和坏日子。

偶尔心情不好不是什么大事。好心情还是居多的。

吸引力法则真有用。

我觉得吸引力法则几乎可以解决一切事情。

我可以控制我的情绪，我很厉害嘛！

我无法控制别人的想法和做法，这是注定的，我接受了。

我希望我所有的朋友都能像我一样看到事情好的一面。

我不再为这件事烦恼了。

都过去了，一切都很好。

看，你现在肯定感觉相当棒。你的工作，仅仅是放下，找到，感受愉悦，忠实于内心。

实例十二

既没“钱途”也没前途的我

我的朋友刚刚打电话过来，约我出去吃个饭，看个电影。可是我拒绝了，不是因为我不想出去，而是因为我负担不起。我太穷了。离我发工资的日子还有两天，可这两天对我来说无比漫长，我已经身无分文了。当然，冰箱里有吃的，几罐速食汤料、玉米片、麦片、花生酱、饼干，虽然不是什么大餐，但还不至于饿着自己。

我烦透了总是这么拮据的日子，为什么我总是没有钱？有人根本不工作，竟然比我还有钱，因为家里人给的零用钱就可以吃香的喝辣的，我很多朋友就是这样！我有时想，肯定是因为自己没念过多少书，所以现在就得过穷日子。其实我也想过回到学校里好好去念书，拿个文凭什么的，再继续出来工作。可那得等到什么时候啊?！如果半工半读，我又觉得自己吃不消。真希望突然中彩票或者继承个遗产什么的。我的“钱途”到底在哪儿啊？

当你面对残酷的生活，那些问题活生生地摆在面前的时候，很难对之视而不见。比如你现在很难不去想钱的问题，因为它对你的生活影响太大了。很多人生中的重大决定，都与钱相关。因此，你很介意自己有多少钱。单纯地劝导你不要想贫穷的问题根本没用,我们试图引导你从另一个角度去看待你的“钱途”。没钱是件烦人、痛苦、丢人的事,可有的时候,你可以自己掌控对这个尴尬处境的感受。你也许会因为没钱而难受,但也能泰然自若:虽然我现在没钱,但很快就发工资了,这总比我昨天没钱、今天没钱、明天后天也不可能有钱“要好得多吧!”

大多数人认为,自己的情绪受外界客观环境影响,甚至控制,事情好转便高兴,事情恶化便沮丧。因此,世上许多人便很想掌控局面。

控制欲很容易让人上瘾,而且多少能够掌控局面。但是,如果你懂得关注心灵的力量和内心的和谐,你会发现,情绪有着惊人的力量。古往今来,那些事业有成、名垂青史、富甲天下的人,无一不是掌握了这样的秘诀。

当你受贫穷困境煎熬的时候,也未必不是一件好事。当你贫穷得无以复加时,你会明白自己想要拥有什么,想摆脱什么:你想拥有安全感,想拥有很多金钱。你想拥有有意义的人生,想拥有别人的尊重。你想做有意思的工作,然后取得更多的报酬,能够更好地享乐。你在贫穷时产生了无数的欲望,即便是身处逆境,一无所有,你的愿望也会因为你发射出来的强大能量,而变得近在咫尺。

但是,只要你感到痛苦,那就意味着,你的欲望与你所处的现实是有距离的。痛苦的情绪提醒你,你正处于负面情绪的包围中。你所期盼的一切,只有积极地思考,才能得到相应的回应。你必须寻找内心真正的力量,乐观地看待自己的贫困处境,如果始终悲观绝望,那么,你注定要一直痛苦。好,现在开始,问问自己,有没有什么是可以让你从贫困的窘境中略微觉得解脱的:

周五就发工资了,那时我就有钱了。

这个,有点用。不过这剂止痛剂药效极短,因为你发了工资后,很快就会把钱花光,花光之后,你的贫穷又如约而至。你再次觉得痛苦,不光是因为现在穷,也是因为知道没有足够的钱来过自己想过的生活。你也许会后悔当初为什么不好好读书,拿个不错的学位证书,凭此找到一份薪水稳定的工作。而与你同龄的人,却事事称心。也许,你还会埋怨你的家庭,没有让你含着金汤匙出生。你的父母没有钱送你去名牌大学读书,家族里也没什么企业可以让你直接从总经理做起,更没什么大笔的遗产让你继承,你倒霉透顶了,所有的好事都离你十万八千里……

金钱的问题往往根源复杂,因此,你必须想方设法缓解情绪,转换思维,张开臂膀,迎接你人生中纷至沓来的渴望。每当你心中充满了负面情绪,就要设法缓解。每次卸掉一些消极情绪,内心的抵触就会少许多。积少成多,最终,你会发现,你完全摆脱了抗拒的情绪,能够自如地处理各种引起抵触情绪的问题,轻松地行走在这个物欲横流的世界。

那么,现在,让我们来检视一下你内心的真实想法,还是由浅入深。不要顾忌、不要犹疑,你就是你,你想什么就说什么:

周五就发工资了,可是,很可能没等到周一,我就把钱都花光了。

我赚的钱根本就不够过好日子的。

这都是事实,你的工资单和信用卡账单可以用数字说明。但是如果你稍微努力换个角度,你也许会开心一点:

至少我还有份工作。

我不太喜欢我的工作。

可再怎么不喜欢，做起来倒也不是特别费力。

我也考虑过其他工作，现在我想换工作的话，也不是难事。

如果我真的特别特别想换份工作，还可以换个更好的。

看，你现在肯定感觉好些了吧。当然，这里不是地狱，也未必是天堂。你想去天堂转悠转悠？好吧，接着走向你的内心：

当初我选这份工作的时候，还是挺兴奋挺有干劲儿的。

尽管我很想换一份新工作，但是目前的工作真的是非常适合我的能力。

我曾经想做的工作现在已经不想做了。

如果我想，目前的这份工作，我可以做得更好。

你最后这句，跟上组最后这句的表达虽然看起来很像，实际上，你现在比刚才感觉更轻松了。所以，继续，加油：

我能找到挺多工资待遇不错的工作。

别人可以赚得更多，我也能。

谁都得从底层做起，大多数都要经历从穷到富的过程。

很多百万富翁都是白手起家的，他们当初比我还惨。

我够厉害的啊，刚才还抱怨身无分文呢，现在开始以百万富翁为目标了。

到目前为止，我相信，你的银行存款或者手头现金没有多一分钱，可是你的情绪却完全改变了。我们要强调的是，你刚才沮丧的情绪，和现在轻松自信的情绪之间的差别，就是贫穷和富足之间的差别。但是，只这样想一次还是不够的，你必须不断地转化思维,保持这个情绪,才能真正看到成效。也就是说,你可以以更轻松的心态来看待自己的贫困,心情便会更沉静。可是,如果现状接着恶化,你更穷了,或者你看到别人更富了,也许你对于钱的看法又回复到从前,开始整天哀怨自己的拮据。

如果你能继续改善你的情绪,并决心继续探索你的内心,你会取得更大的收获。这样,不仅你会正确对待你的欲望,你的安全感,你的经济现状,而且,你银行的存款也会真的增长。甚至有一天,不那么遥远的一天,你会惊叹于为什么钱这么好赚,原来是自己一直将财富拒在门外。然后,你会敲着脑袋问自己:"早干吗去了?"

那么,你该怎么做呢?没什么,继续向前走,不要停步就可以:

不管我想要什么,我都有足够的钱应对。

我想要很多昂贵美好的东西。

我现在明白了,不管我要什么,其实都不难得到。

我只需要明确自己要什么,然后,它自己就会乖乖来到我身边。

我现在明白为什么别人可以顺利、成功地处理金钱问题了。

我现在明白钱不等于幸福了。

我总是能判断出做什么事会让我快乐。

原来,完成一件事可以有这么多不同的方法可以选。

世界充满多样性,它们各自不同,却同样有效。我的"钱途",就靠它们了。

如果你能完成这最后一步,仔细阅读以上的文字,并用心体会它们给你带来的变化,那么,恭喜你,你成功了。你从一无所有的穷光蛋,变成了一个经济独立的富足者。

命运由自己主宰。不管你是坐拥金山,还是一文不名,你的人生都不会受此限制。你的生活会为你找到奋斗的目标,只要你保持积极正面的思维模式,你便能达成这些目标。宇宙法则推动着你,同时,吸引力法则会继续告诉你何为“无欲则刚”,你的前途无尽美好。

实例十三

就这样一辈子孤单么

我从不恐惧婚姻，相反，我一直期待着一个稳定的感情归宿。可时间一点点过去，我就是无法找到那个"她"。我也恋爱过很多次，对方都流露出过结婚的意愿，可是我都没那种认定的感觉。现在，我有点不敢出去约会了，老是找不到真正让我动心的人，好像我注定一辈子孤单，而且拒绝那些喜欢我的姑娘也很伤人。以前，我没这么认真的时候，好像一切都很顺利，可我不想再游戏人间了，我想好好地找个生活伴侣。如果我不去约会，就找不到另一半；可是我频繁地约会，也没有带给我什么希望。我到底该怎么办？

你太想要一样东西，反而会看不见它，于是会产生负面情绪；当你想得到什么，内心却认为不可能得到，也会让你沮丧、失落、自卑。可如果你不是那么在意一件东西，对于结果就不会那么关注。比如说，一个你根本不认识的人打电话给你，并冷冷地告诉你这是她/他最后一次致电于你，然后粗暴地挂上了电话，你会怎么想？你会想，去你的吧，谁管你是不是最后一次给我打电话。你应该一点都不会难过。

当你对某物或某人的欲望过于强烈，你所表达出的情绪和感觉也必然强烈。如果你只关注那些顺应你欲望的事实，你自然会觉得幸福愉悦;可如果你只关注那些与你欲望相反的事实,你就会产生强烈的负面情绪,觉得无比痛苦。

随着时间的推移,你渴求一段稳定真诚爱情关系的欲望越来越强,这不是一件坏事。你对事情美好的期望会产生力量,只要你保持乐观的态度,一定会吸引适合你的女孩来到你身边。可为什么那么多期待完美爱情的人仍在等待,或者仍然在失望?因为把某个人认定为理想伴侣,然后就设法让她变成你想象中的样子。一旦发现交往的异性有一丝的不完美,你会立刻认为这不是那个"完美"之爱,于是迅速放弃,再迅速进入下一个寻找中。如此循环往复,每一次放弃,你对于完美的信仰就遭受一次打击,你对自己的评价也越来越低,情绪自然也越来越低落。

如果你不是这么"紧张",如果你对待每一个交往的对象不那么苛刻,如果你在约会的时候只是想"跟这个人吃饭挺开心的"、"我喜欢跟她聊天"、"今天跟她在一起好像时间过得特别快",而不是"天啊,这个人是不是下半生我要执手相看的人啊?"如果你能这样做,内心过于强烈的欲望就会被冲淡,取而代之的是享受当下的快乐,那么,整个宇宙也许会把更多让你"开心"、"喜欢"的女孩带给你,迟早你会遇到适合你的人。关键是你要相信"宇宙法则",相信宇宙的力量,相信你的内心世界才是宇宙旋涡的中心,只要你尊重内心的感受和想法,宇宙会把你需要的带到你身边。反而,如果你相信的是行动而不是内心,你就会感觉你在横渡一条大河,水流从你的身侧不断地冲击着你,你以为你是在向彼岸游,实际上你离目标岸边越来越远。这就是你为什么尝试着频繁地约会,却得不到满意的结果,反而觉得绝望而孤独。

当你轻松自在地面对别人,一定会吸引到同样开心活泼的人。可如果你约会只是为了一个结果,你遇到每个人都先用挑剔的眼光把对方检测一遍，然后放大对方的缺点。同样，你也会吸引到这样令人讨厌的家伙。最后，你们只能互相伤害。

也就是说，你带着好心情和正确的态度去约会的时候，你是去享受时光、享受与人相伴的快乐、享受对方带给你的新鲜和信任，而不是紧张兮兮地等着对方给你签署一张“一辈子在一起”的保证书。这时候，你寻找的正是恋爱最本质的东西——放松、愉悦、安全感。如果你在约会中可以保持这种放松、愉悦、安全感，那么你自然也会吸引到同样的人。可是，如果你因为急于找到合适的伴侣而紧张，或者因为喜欢你的人却不是你理想中的人，你变得心烦意乱，那么，就是在与内心真正的愿望相悖，于是就将吸引更多你不想要的事物。

这么说你可能觉得有点过于简单了，可真理都不复杂。即使你很清楚，这个约会的对象不是你终身伴侣的选择，可跟她约会，还是让你觉得轻松愉快，这虽然没有满足你的欲望，却满足了你内心真正的需要。但如果只是因为对方不适合你“完美对象”的设计，你就担心如何拒绝、盘算如何解释、埋怨上天为什么如此安排，不但失去了享受当下的乐趣，也忽略了内心的真正感受。缺乏真心的参与，你的真命天女又怎么会出现？

所以，你必须找到让自己开心轻松起来的方法。尽管眼前的并不是你梦想的，但为了得到你梦想的，你就必须先从眼前的开始。没有开始，便永远不可能成功。当然，你可能会说：“我怎么开心的起来啊？你看我这个糟糕的样子！”我们要做的第一步就是：改变你对现状的看法，让你不再觉得自己孤独、被遗弃，让你觉得自信、愉快、充满希望。如果你在今后的日子中可以继续保持这种好心态，相信找到满意的另一半是水到渠成、指日可待的事情。

我们要改变你对每个约会对象、每次约会的看法和态度，甚至要修正你对“终身伴侣”的定义。但所有这一切都是为了让你看清自己内心真正的想法，让你明白自己真正需要的是什么。改变后的你，不但会觉得生活无味孤独，反而会觉得愉悦，充满希望和力量。更神奇的是，你会发现跟你一样心情愉悦、态度轻松的人出现在你身边，你们互相影响、互相吸引。如此，很快你就会找到那个你曾经发疯想要却得不到的“完美伴侣”。

当这一刻来临，你们都放弃了游戏心态。也许你们都知道对方并不那么“完美”，但是你们不想取笑那些明显的缺点，也不会霸道地说：“我是挺爱你的，但你就不能为了我改改你那……的毛病吗？”你珍视在人海里遇见她，她也知道找到你不容易。你们会建立一种互相弥补的感情关系，在交往或者婚姻中彼此完善。你们不是因为“完美”而遇见彼此，而是因为遇见彼此而无限地接近“完美”。

好吧，我们现在来检视你的内心吧！像平常一样，你想到什么就说什么即可：

找一个合适的伴侣为什么这么难呢？
不是没人喜欢我，可我不喜欢她们啊。
我不想伤害她们，但是我也不想将就。

这是你的负面思维，很正常。现在，开始找一些能让你心情好起来的想法：

其实把每次约会搞得那么紧张真没什么必要。
跟不同的人交往也不一定是非要结婚，我也得有朋友啊。
有时候，跟我约会的姑娘/小伙子还是挺风趣的。
总有约会，说明总有无限可能，值得高兴。

我对未来伴侣的想象其实已经在频繁的约会中逐渐淡化了。

我们的想法和欲望是随着生活经验的增加而变化的。

我现在觉得很舒服,很自然。

我不知道以前干吗把挺自然的事搞得那么复杂。

你觉得释然一些了,舒服一点了?觉得世界末日还很遥远吧,什么孤独终老至少跟你没关系吧?是的,你感觉好多了。如果我告诉你,你现在已经站在队伍里了,而这支队伍中的人都在等着跟世界上最令人愉快的女士约会,你是不是会欢欣鼓舞呢?不过也有个坏消息,那就是这些女士也在排队。她们跟你一样,并不是拼了老命地想把自己一次性推销出去,而是寻找可以让她们开心愉快的男士,哪怕只是聊聊天、吃吃饭。她们不是绝望的恐龙,而你的真命天女也一定在队伍里。你们在某一天会遇见彼此,然后眼前一亮,然后执子之手,与子偕老。这就是所谓的一见钟情,看,多简单!

实例十四

我和姐姐的关系比这个冬天还冷

一年以前，我跟我姐姐吵了一架，自从那以后，我俩就不说话了。有时候，我想过给她打个电话，跟她和好。可每次我这么做，就会想起上次吵架的时候我气得快死了那种感觉。那种感觉实在太可怕了，我实在不想重温。我并不是不想跟她说话，就是不想重温那种难受的感觉。再说，是她挑起争吵的，她一直说她自己的，根本不听我在说什么。她总是那么固执，什么事都是她对。为了避免争吵，每次都是我让着她。可我凭什么总让着她啊，她应该给我打电话才对。反正这次我不想再当道歉的那个笨蛋。

所有的人都需要被爱。我们需要别人的欣赏，需要别人的理解。可问题是，这仅仅是我们自己的欲望，我们无法控制别人的行为，我们无法强迫别人爱自己、欣赏自己或者理解自己。

你可能知道或者有过这种感觉，去爱别人、去欣赏别人、去理解别人的感觉跟被爱、欣赏和理解的感觉是一样好的。而且去做什么是你自己可以控制的，你不需要仰仗别人的给予。你可以因为想爱别人而爱。如果有人做了令你气愤的事，你可以不再喜欢他们。但是，你必须明白，如果你不能付出自己的爱，内在的能量就不能调和，因为，你内心的真正的声音是“爱她”。

如果你非要违背你的内心声音，就是不去与你的姐姐和解，你将一直痛苦下去。

现在你头脑里有很多记忆，它们令你痛苦，你却总是自主不自主地想到这些。于是，你怨恨记忆中的事和人，是他们让你觉得痛苦。你的怨恨很自然，可令人很不舒服。如果这些记忆可以改变，那么你也许会舒服很多。但是记忆是发生过的事情，能改变吗？于是你觉得很绝望。这么一看，你的情绪好坏都掌握在别人手中，不能摆脱痛苦的无力感控制了你。你毫无反击力量，坐以待毙的感觉肯定糟糕透了。

你要明白，你的情绪由自己掌控。不管遇到什么风风雨雨，你都能找回你的力量。你的力量在哪里？内心。只有内心才是力量的源泉。你倾听内心真正的声音，就不会在意外界的那些行为、话语、态度，甚至别人怎么想你，都是跟你毫无关系的事。只有你的内心才值得重视。

尽管在一段关系中，许多伤害都是发生在孩童时代，但是，要弥补这些伤害并没有你想得那么难。你不必像电影中演的那样，坐着“时间飞车”回到过去，寻找不存在的解决之道。你此刻感受到的伤害，其实只与一个因素有关，那就是：你当下的思维，是否与内心和谐一致。你心中原本充满爱，一旦你控制了自己的爱，就是与内心割裂。你不再与内心站在一起，怎么能不痛苦？

你觉得你的愤怒和憎恨都是正当的，我们理解。不管是你跟姐姐的争吵，还是她曾经的霸道，或者是其他爱你的人离开了你，你都有权愤怒。可是，不管是什么原因，只有欣赏和爱可以解决问题。你没有必要为此产生负面情绪，因为内心和现实的分裂付出如此大的代价太不值得了。

通常，我们越是劝你不要去恨某个人，你越是会找更多的理由去增加、巩固你的憎恨，因为这是你的模式，多年来这种模式已经生根。你之所以痛苦，就是因为违背了自己真正的内在。当你为一件事介怀太长时间，你就会把责任完全推到别人身上，你认为自己之所以这么难受完全是其他人造成的。之所以会这样，正是因为你的内心知道你不该为一件小事难过这么长时间，而你实际上真的就这么做了，所以，你非常非常接受不了自己做错了。

当你发现自己有能力认清自己的内心活动的时候，无须他人为你改变，你就会感觉十分轻松，因为你不再拒绝面对自己、面对真相。你不再等着别人来爱你、欣赏你、安慰你，这些你可以自己完成。而且，更神奇的事情又发生了，你一旦与你的内心合一、找到内心的力量了，许多人就会突然跳到你的身边来爱你。

好，我们先来整理你的内心吧：

如果我姐姐想跟我说话，她会给我打电话的。她不给我打，就说明她不想跟我说话。

我烦透了每次都是我先低头。

不跟她打交道，我过得更好。

想跟她保持良好的关系太难太累了。

这就是你现实的处境。也许，许多人会认为，你的姐姐让你如此难过，不值得你爱。但是，也请你明白，我们鼓励你尝试这样的练习，并不是为了你姐姐，而是为了让你从痛苦中摆脱出来，达到真正的内外合一。如果是你的姐姐因此烦恼，我们也会跟她说同样的话：你要找到你内心真正的想法，与你的内心合一，做这些不是为你的妹妹，而是为你自己。如果每个人都能忠实于内心,这个世界就是天堂。可惜天堂在上,地狱在下,我们身边的这个世界有阴晴圆缺、悲欢离合。想要幸福,上帝和魔鬼都无法帮你,只能依靠自己。

好吧,我们继续探索你的内心:

因为这件事,我已经生气了好一阵子了。

要是这件事没发生就好了,或者突然消失也行。

其实,我已经记不清当时我俩吵了些什么。

我现在明白,其实不管是什么,都是些鸡毛蒜皮的小事。

要是我根本不在乎她,也许这一年我不会这么难过。

也许我可以不管她怎么想,反正她是我姐姐,我怎么能恨我自己的姐姐呢。

我现在明白,她怎么想我是管不了的。

我也明白,我是有能力控制我的思维的。

一想到我可以控制自己的想法,我就觉得轻松很多。

我想一直拥有这种控制力,也许,当时我那么生气,就是因为我那时没有这种控制力。

我想,现在是时候结束冷战了。

我们其实并不想让你觉得找到内心想法了,就必须马上行动。我们让你与内心站在一起,也不意味着命令你马上去给你姐姐打电话,重归于好。行动不是最重要的,也不是目的。你清楚地看到了自己的内心,就好比有了一张精准的地图。至于你想去哪儿,只是时间问题。总之,你不会再迷路。

我觉得好多了。

我的确深爱我的姐姐,想否认也不行。

也许我该马上给她打电话，或者不该。
我现在还没想好是不是给她打。

现在，你感觉好多了，你要尽量保持这些好的情绪。每当你觉得自己又有了一些负面情绪时，就努力换个想法。这样过不了多久，你就会习惯积极地看待自己与姐姐之间的关系。到时，事情就会有所好转，能让你更开心地进入下个阶段的练习。

有时，当你感觉开始好转，你就想立刻落实到行动上，好让别人也和你一样，体会美好的感觉。但是，你最好自己独自体会一下崭新的快乐情绪，直到你确定自己的这种情绪已经稳定。然后，吸引力法则自然会发挥作用，该发生的事情自然会发生。你所能做的惟一的一件事就是：**放松你的情绪，尽量寻找内心真正的自己，认清你真正的渴望。**

实例十五

感情好似牢笼，她就是笼外的“狱警”

我很幸运能遇到她，并与之相伴余生。我们是那么合拍，而且结婚以后，我们的生活也格外和谐。跟其他的夫妇不一样，我俩拥有相同的爱好、兴趣、喜好，无论做什么，我们都形影不离，好像一对连体婴儿。我敢保证，如果我俩做一份关于“到底有多了解你伴侣”的测试，肯定会双双满分。

可是，最近我感觉有点不自由了。我的另一半真的成了我生活的另一半，她永远都要参与我做的事情。我没有机会和时间做自己想做的事情。我忽然发现，我厌倦了做任何事情都要征求她的意见，一点自由都没有。

我有个朋友正急着找合适的对象结婚，我发现每次见到他，我心里都不自主地想：“你急着进入的是一座监狱啊，你现在还不知道单身的生活有多舒服！”我以为我永远不会这么想，可实际上，我就是这么想的。我曾经那么自豪，那么感恩地找到了一个可以分享生活、分担孤单的人，可是现在，又觉得百般受制于这种关系。我们可不可以相爱，但同时不要粘得太紧？这种分寸该怎么掌握，我苦恼极了。

不管你跟一个人多亲近，哪怕是皮连皮、心连心，你们之间的关系也并不由这种客观联系决定，关键是你们脑子里的那些想法。大多数人都想尽方法控制别人的行为和做法，哪怕他们根本没能力这么做。而他们本可以控制自己的想法和对事物的定义，可他们偏偏对自己的这个能力视而不见。

你永远无法控制他人，却完全能够控制自己。常有人认为，只要伴侣能稍微有所改变，自己就会舒服一些。但是，这样的想法根本就是本末倒置。当你说：“你要是愿意改变一点，我就会好受一些。”事实上，是在说：“我的快乐由你决定，你愿意改变自己，我就快乐。因此，我对于我的处境无能为力。”**人生而乐于追求幸福，但是，很多人都认为，那些他们无法控制的人、事、物，决定了他们的快乐程度。因此，如果亲密关系对象有所不悦，扮演木偶角色的你就无法自由。**

每一段恋情或婚姻刚开始的时候，一切都是美好的。两个受到爱和美吸引而走到一起的人，自然先看到对方身上的优点，同时，两个人也会用尽全力取悦对方，哪怕做的事情并非出于真心本意。但是，基于取悦他人的行为并非出自内心所愿，短时间内，这种感觉不明显，可是时间一长，谁都受不了。因为没人是天生的演员，人不可能把取悦对方作为生活中心，因为你是一个自主创造生活的人，这样做违背了你内心的感受。

放下了内心真正所想，违心取悦他人，就是在提醒他，他的快乐是你的责任。天长日久，他不但变得脆弱软弱，也会变得郁郁寡欢。你越是努力取悦他，他就越不快乐。他习惯了你的牺牲，无法掌握自己的情绪，让自己内外合一，寻找快乐之源。

你把所有的精力都用在了妻子身上，不断告诉自己有多么爱她，她的快乐对你来说，有多么重要。然后，努力付诸行动，取悦于她。长此以往，难怪你精力不足，开始叫苦连天。

在大多数情况下，你越想通过掌控局面来取悦他人，他们就越来越依赖于你;时间一长,便似无骨之人,只会将你越缠越紧。每个人天生就是独立的存在,因此,一旦依靠别人,就不会快乐。你只想让她开心,却只能弄巧成拙。

你可知道,让**你身边的人快乐起来只有一个办法。那就是:你自己首先快乐起来。而让你自己快乐也只有一个方法,那就是尊重自己的内心,做真正的自己。**那好吧,我们来看看,你到底是怎么看待你和你伴侣这出幸福大戏的:

第一幕

你想给她幸福。

你观察她,是的,她是幸福的。

你的欲望和现实是吻合的,你如愿以偿,自然也就会感到幸福。

第二幕

你想给她幸福。

你观察她,可是,她好像在为什么事苦恼。

你的欲望和现实无法吻合,你觉得不满足,自然也就不会感到幸福。

第三幕

你想给她幸福。

你观察她,可是,她好像在为什么事苦恼。

你想尽方法驱散她的愁事,你希望让她开心起来,像最开始那样。

你的努力奏效了,她因为你的取悦而忘了那件烦心事,尽管只是暂时的。

你喜欢她开心的样子,初次尝试的成功也让你觉得作为丈夫你是有责任让她快乐起来的。

她开始依赖你,只有你能让她开心。

她无法控制自己，只有你能控制她。她不知道自己为什么总是无缘无故地痛苦悲伤，她无法停止，也不知道什么时候开始，她为失去了力量而更加烦恼。

你很难过，更加努力地逗她开心——结果很糟糕，她好像越来越难过了。因为你的假设是只有你可以让她开心，如果你都无法让她开心了，一定是她出了什么问题，是她的错。尽管这个假设是完全错误，可你俩都信以为真了。

第四幕

你想给她幸福。

你观察她，可是，她好像在为什么事苦恼。

你调动自己的意识来“忽视”她的苦恼，并把精力投入到能让自己开心的爱好上去。

她认为你不关心她，她认为你应该担起让她开心的责任。

你的心情是第一位的，此刻你知道你有点自私，但为了所有人，你决定自私下去。于是你依旧关注于让自己开心起来的事情，不去理会其他的烦恼。

你保持住了好心情，尽管为之付出了不少努力，而且在爱人烦恼的情况下你仍然能自己开心起来，你觉得有点不忍。可你毕竟做到了，而且你感到这正是你内心真正的需要。

你与你的内心统一和谐，你平静，你放松，你愉悦。你身边的事情似乎也都十分顺利。

你的快乐是那么明显，它的力量是那么强烈，你创造了一种快乐的电波，一种快乐的磁场。所有渴望快乐的人都会被你吸引，被你带进这个磁场。而离你最近的人当然最先被吸引，她就是你那不快乐的妻子。她被你感染了，她抓住了快乐的情绪。她开始忘记自己为什么事而烦恼。

我们还是想提醒你，不管你跟你的内心是多么和谐，你创造的快乐磁场是多么强大，你的妻子是多么被你吸引，你都不要“使”事情发生。你“让”事情发生。也就是说，你不要行动，不要去告诉你的爱人“看，我多快乐，快，进到我的磁场来，你快点感觉快乐”。不要这么做，你也做不到。除了你爱人自己，没人可以帮她。

现在，你一定明白了什么样的“爱”才是真正的爱。你爱一个人，不是为了让她依赖你，而是要鼓励她找到真正的内心需要，变得坚强、独立、自信。这样的她才能幸福快乐。一个每天等着别人给自己分配心情食粮的人，怎么快乐得起来？在任何人际交往关系中，我们都要清醒地意识到，关爱和善待每个人，不是为了取悦他们，而是因为你与内在的自己相契合，于是满怀着世界上最强烈的爱。

不过，你一定要记住，当你了解了爱的真正含义后，你一定想与你爱的人分享。毕竟，爱是一架飞机，它始终要降落。你希望接受爱的对方也能明白什么是“爱”，这种希望会格外迫切。可操之过急只能事与愿违，一个人是否出于真心去爱，是否是尊重自己的内心，别人无法判断也无法帮忙。你要记住，抓住自己的内心，剩下的事让宇宙法则去做。

好吧，我们现在来整理你的内心：

我觉得困扰。

我厌倦了不管做什么事都得照顾我妻子的想法。

我希望她能有点什么别的事做，不用那么依赖我。

好吧，你认为你妻子离你远点，就能解决你的困扰？你是否困扰取决于别人的行为？你无法控制你的情绪？你的力量哪儿去了？

不管我的妻子怎么想、怎么做，我至少是个有自己想法的成年人吧。

我做的决定就是我做的决定，不论她怎么想。

我有权利和能力随心所欲地想，看，我现在就是这么做的。

现在，你觉得好多了，但是不要停：

我的妻子其实没有要控制我的意思。

只不过恰好我们的生活方式和圈子太相似而已，这是几率问题。

而且我们对于事情的意见的确很相近，她说的我大部分都同意。

我们做很多事都非常有默契。

她从没故意要干涉我的决定或想法。

我感觉到受控制其实是自己胡想出来的，哎，我脑子乱乱的。

如果我尝试一下，应该可以厘清自己的思绪。

我需要关注的事太多了。

我觉得我可以随意决策或者行动了。

感觉好多了吧，你刚才还如坐牢笼，此时却觉得自由了，很神奇吧？

其实也用不着一次把所有的事想清楚，不着急吧。

我们的感情还是非常稳定的，嗯，我得承认即使我有牢骚，总体上还是很满意我的婚姻。

她根本没有阻止过我做任何事情，其实从一开始我就是自由的。

困扰的感觉消失了。

如果这种困扰感觉再次造访，我就知道为什么了，也知道如何应对了。

实例十六

丈夫要离婚，我不知道该怎么办

我结婚十年了，上个月，我丈夫突然跟我说，他想要离婚。他说他已经考虑了很长时间了，觉得两人没必要再生活在一起了。我得承认，我们的婚姻不完美，可没想到它糟糕到想让我丈夫逃跑的地步。

提出离婚后，他很快就搬出去了。我想跟他好好谈谈，可是他似乎铁了心。不管我说什么他都只是一个态度：事情已定，决不回头。我试着一个人过了一段时间，可是十年了，我的生活就是他的，没有他，什么都不对劲了——不敢见我们共同的朋友，不敢去我最喜欢的餐厅，就连我俩最喜欢看的电视节目都会让我痛哭不止。我完了，是吗？

我要说些你不爱听的话，或者说，凡是遇到类似感情挫折的人都不乐意听的话。但是我保证，如果此时此刻你能听进去，那么你就朝着平静快乐的日子迈入了一大步。我要说的是：**你的痛苦悲伤跟任何人无关，是你自己制造了这种痛苦，也只有你可以将它消灭。**

痛苦的人总是说："当然，我当然难过，看看我经历的这些事啊……"我们理解，十年的婚姻瞬间崩溃，你的生活伴侣风一样离开了你，虽然不甜美但至少稳定安逸的生活破裂了，你怎么能不难过痛苦呢？可我们也要提醒你，不管你的丈夫是不是生活的中流砥柱，你的人生一定有其他重要的事情，而且一定比你丈夫更重要。

你终身都在为打造理想的婚姻而努力，这个信念产生了强大的能量。所以，当你对丈夫现在的行为耿耿于怀时，就是在对之前的内心信念产生了抵触。于是，你感到痛苦，不仅仅是因为丈夫想要离开，同时也是因为你与你强大的内心信念和当下的现实不和谐。生命之流咆哮着向前，你却逆流而行，必然会产生极其强烈的负面情绪。

你感到很失落，因为你现在的思维与一直以来对婚姻关系的信念背道而驰。我们想告诉所有婚姻破裂的人：**你在出生之日就开始打造的那些理想中的关系，还有经历了关系破裂之后重新恢复如初的美好关系，仍然在你内心徘徊**。现在，你感觉无比痛苦，生不如死，是因为你与内心的理想越来越远。换句话说，你的痛苦并非来源于丈夫想要离婚，而是因为，你将所有的关注力都放在了丈夫离开的这个行为上，背弃了自己之前信念中积极的“理想婚姻”。

当你明白万物生发的过程，并了解内心正面信念以及当下思维方向的情绪引导系统，你就永远不会被他人的行为所左右。

当丈夫走出家门，你要明白，这只能说明有人离开，而非你的梦想与人生就此结束。这只是人生的一个历程，经历过这些，你能更加明白自己想得到什么、放弃什么。同时，这亦是一个良好的机会，能帮你塑造更美好的梦想。

当我们解释，你自主创造人生，无论想要什么，都能心想事成时，与你处境相似的人会惊讶地问：“如果我这么做，我的丈夫就能回到我身边吗？他是我生命中的惟一，我不能失去他！”当然了，如果你能调整眼下的思维，散发出积极的能量，达到与之前内心真正的信念相重合，你们原本破裂的婚姻关系重新得到呵护，这是很正常的。但是，我们还是希望你能认识到这一点：现在，你觉得丈夫是你生命中的惟一，是你幸福之所在，事实上，这个人不如你想象中那般重要。

对你来说，惟一重要的就是：努力与内心真正的自我相契合。只要你能做到，一切水到渠成，宇宙会帮你找到理想的另一半。

你的伴侣离你而去，使得你的情绪突然变得消极。但是，即便是在如此痛苦的时刻，你仍然有强大的能量，让自己变得积极而光芒四射。当你扭转了自己的思维，不但情绪有所好转，所有你曾渴求的一切，都将成为现实。

你们的关系之所以破裂，最大的问题在于：你们之中有人认为，对方需要为自己的快乐负责。许多人会对伴侣说："我想快乐地生活，如果你这样对我，我就会快乐起来。所以，我的快乐都要仰仗你了。"

当你相信自己的快乐需要仰仗他人时，就是在自找没趣。因为无论别人如何尽心尽力，都不能让你达到最终的满意，与内心契合。只有你自己乐观地思考，才能达到这个境界。别人无法理解你的真正所需，因此，想要依靠别人给你快乐，完全是痴心妄想。

如果你的丈夫认为，自己应该让你幸福，那么，他一定会感觉失去了自由。一旦这束缚让他无法忍受，他就会和大部分人的做法一样，选择逃避，选择离开，放过自己，呼吸新鲜、自由的空气。

想象一下，如果你听到下面的话，仔细体会一下正面思考的好处。

能和你在一起,我感觉特别幸福,我喜欢这种感觉。我想对你说:我会调节自己的情绪。无论在什么样的情况下,我都有能力控制自己的情绪,让它与内在的自己相互协调,随时保持好的精神状态。你可以过自己喜欢的生活,我会默默支持你,不会对你横加干涉。我和你在一起生活、分享爱的喜悦,但是,我会努力让自己快乐,不让你为我承担痛苦。

体悟过以上的话,会为你们美好关系的延续奠定坚实的基础,追求自由与喜悦的爱人内心将渐渐强大。当你们都开始意识到相爱会让生命更加丰富多彩时,谁都不会想离开对方。因为,在这段关系中,每个人都能拥有自己渴望的幸福与自由。

当你了悟内心所需,与真正的自己相契合时,也许你的丈夫很快就会回到你身边。但是,其实,你的爱人是谁并不重要,只要你保持饱满积极的情绪,顺应内心真正的自己,那么,理想中的婚姻终会到来。

当你遇见一生的伴侣,你立刻就能认出他。每次承受一段关系终结的痛苦,都会让你的情绪发生质变,你内心强大的内在会永远等着你去与它契合,梦想中的婚姻关系在等着你,但是,你准备好了吗?

所以,现在,从你眼下的处境入手(除此之外,别无选择),试着找到让自己感觉更美好的想法:

以后的日子,我不知道该怎么办才好。

我不想起床,不想开始新的一天。

我不想去见亲人和朋友,不愿看他们关切和疑问的目光。

我只想一个人静静地待着。

这些话满是无力感，处处显露着你的自暴自弃的情绪。但是，不要怕，刚一开始，你有这种想法是很正常的。发泄出这些内心想法，能让你发觉自身现状，然后着手找出正面思维，改善情绪。

我把生活的重心全都放在了这段婚姻上。
我以为我们会厮守一生。
我一直坚持当初发下的誓言。
我不会再像他对我一样对自己。
我不该承受这种痛苦。

这些话就比之前的要好得多。尽管仍然有一些无助，但至少尚有反击的余力，于是，你的心情就会好转很多。重要的是，只要有一丝积极的情绪，都比无能为力要好得多。你从失落无奈转为愤怒，别担心，这是你向自我契合的道路上又迈进了一步。

你的情绪由自己掌控，因此，只有你明白什么样的想法能让自己更轻松。也许你会在几天或是几星期里都很愤怒，时时刻刻想要报复，而这是毫无必要的。当你明白自己能够掌控情绪之后，就没理由在痛苦中挣扎了。

值得你深思的是：当你感觉自己很无力时，相对来说，愤怒与报复的想法是比较令人舒服的；但是，当你很沮丧时，这种愤怒的情绪就比较痛苦了。因此，你所要做的就是时刻让自己处于轻松、愉悦的感受之中。将无力感转变为愤怒的情绪，这是你顺流而行的重要一步。

我不应该受到这种对待。

我的伴侣应该是与我一样想要终身厮守的人。
对于弃我而去的人，我不会再有任何留恋。
我不能把自己的幸福交付给一个失信的人。
生命如此短暂，在这种人身上多花时间简直是浪费。

市场上谈论两性关系的书千千万万，那些写书的专家会告诉你如何处理人际关系。但是，这些图书都有一个缺点，那就是，处理任何人际关系，都没有绝对正确的方法。因为你掌握不了自己那一时刻的想法，而且，书中的方法是否适合你，只和现在情绪中的你相关。

也就是说，专家都只是说说，他们不知道什么想法对你才是有用的。但是，你自己则非常清楚，因为你的情绪引导系统会告诉你。

所以，你现在发现，愤怒的时候要比之前那种无力感好得多。你可以继续寻找一些令自己更愉快的想法：

这段关系结束了，从某个方面来讲，我应该高兴才是。
至少，我们不再用言语伤害彼此。
现在，我把所有心里话都说了出来，感觉轻松多了。
我不用立刻就想通这件事。
这件事让我筋疲力尽，我是该歇歇了。

你注意到了么，现在，你的心情稍稍缓和了一些，学会了接受现实。你内心的抗拒情绪已经开始削弱，放下抗拒，不再挣扎在痛苦之中，让生命的顺流带你缓缓前行。

船到桥头自然直。

我还是撑过来了。

最终,我会找到内心的平衡。

现在,你的心里已经燃起了一丝希望,日后的路途将越走越宽。只要你能主动感受生活的美好、希望,你内在的力量自然会发挥出来,引领你走上光明坦途。

以后,当你再次遭遇人生挫折,以前的消极思维又会浮现在脑海。如果朋友或家人有不幸的遭遇,也许会让你想起悲伤的往事,于是感到难过或愤怒。但是,在婚姻方面,有过处理经验后,你就明白如何运用意志力转化思维了。生活之波每次向前涌动,你就更加珍惜自己,无须回忆过往的成功,你都会顺着生命之流,走向美好的明天。

实例十七

亲爱的孩子，你为什么不尊重我

我是一个单身母亲，独自抚养三个正值青春期的女儿。她们简直就是一群小恶魔。不知道从什么时候开始，她们似乎已经不是曾经的宝贝了。她们小的时候都非常乖，非常懂事。虽然有的时候也像其他孩子一样，疯打疯闹，可我一叫她们"打住"，她们就会立刻停止。那时候，三姐妹对我言听计从。

但现在，天啊，我的孩子好像脱掉天使的外套，终于露出真面目了。我叫她们去做的事，她们是绝对不会去做的。更令人心寒的是，她们还取笑我，当着我的面互相递眼神，一副轻蔑的表情。她们不光是魔鬼，还是结成同盟的魔鬼。我不知道是我做错了什么，还是怎么回事，她们怎么一夜之间就变成这样了？到底从什么时候开始，我竟然控制不了她们了呢？

尽管现代家庭的父母已经非常重视跟孩子的沟通，但是，许多父母仍然错误地坚持一个违反宇宙法则的观念。我们认为，正是这种错误观念造成了家庭不和。上述陈述的最后一句就是鲜明的事例："到底从什么时候开始，我竟然控制不了她们了呢？"

当然，从行为上控制一个人不是不可能的（尤其是婴儿刚刚来到这个世界上的时候，是那么小，那么无助，想对其控制，绝大多数父母都做得到)。但是,意欲控制一个人或者喜欢被人控制,都不是你来到这个世界的目的。人的天性是自由的。如果你能明白且接受我们的理念,即你的身体行为要与内心欲望真正合一,那么,你就明白,没有人是乐意自己的行为被人控制的,因为他们的内心是渴望自由的。

没人企图控制你,你也没有任何意念想要控制别人,这样的生活是多么自在而美好啊!

你生来拥有许多无可比拟的天赋,这些宝藏不仅让你学会生存,更让你学会如何享受喜悦的人生。你是造物主的杰作,力量强大,天生具有探索未知的能力和创造新事物的本领。在探索人生的旅途中,确认你内心中真正的愿望,将所有意念灌注其中,实现美好梦想,这是你惟一的目的。所以,当有人走入你的生活,宣称你要服从于他们的欲望,你的探索要遵循他们的指导而前行,你创造的新事物必须经过他们的检查才能得以完成,你的内心便会涌现出一种强烈的抗拒力量,这是思维转为负面的征兆。

当你对宇宙法则有所体会,你就会明白,你的孩子是造物主的杰作,而不是所谓“你身上掉下来的一块肉”那么简单。你就会明白,他们的个人意志是多么的宝贵,他们的创造力是多么的难得,他们的自由是不可剥夺的。他们有权利创造自己的人生,他们必须创造自己的人生。而你的爱,你的指导,你的保护,只会像一个羽绒枕头一样,死死地压在他们的脸上,令他们无法呼吸。

有的父母认为,孩子越是反叛,就越要加强“控制”。有的老师甚至教育人士鼓励父母这么做,这个时候,孩子就是百分之百的弱者了。大多数情况下,如果受到家长和校方的两面夹击,孩子会选择屈服,不再反叛。这相当于是孩子被迫把创造的权利交了出去,自愿做一名囚犯。家长像驯服一匹野马那样,驯服了孩子的个人意志。可我们却看到一个可悲的人生的开始,这个孩子也许会少给家长惹麻烦,但他的人生开端是一个低八度,今后的日子也很难再弹奏出什么高潮了。

与孩子相处不是一件容易的事,几个世纪以来,父母和孩子,包括整个社会,都在探讨最佳的解决之道。人们越来越意识到,早年家庭生活对一个人的一生的影响之深远,是任何其他感情关系无法相比的。父母对待孩子的方式,会潜移默化地传染给孩子,最终成为或导致孩子成年后对待其他关系的固定模式。

这个话题可以超越国籍、年龄和任何障碍,所有的父母都曾经为此头疼过。可是,如果父母们和即将为人父母的朋友们不能理解宇宙法则、忠于内心的重要性,而是一味地用行动来解决问题,那这个问题将永远是个问题。父母跟孩子的交流永远是语言和行为上的,没有从内心上自省,也没有磁场的互相吸引。从社会意义上讲,父母与孩子是最为密切的关系;然而从内心关系来讲,他们却离得最远。

亲子关系处理不当导致失和的例子层出不穷,而我们更关注的是这些行为背后的密码。如果父母和孩子都能破解这些密码,并调整自己的内心,调动内心的力量,事情其实很简单。

致天下父母:

你为你的孩子提供的,只是通往这个世界的一个通道。

你不是他人生的设计师。

对于如何看待和对待这个世界和自己的人生,你孩子的智慧和能力都远远超越你。

孩子的现状并不是你的责任。

对于自己想要的东西，孩子们会调动自己的力量去获得。

你的孩子是一个完美、纯洁的力量体，他来到这个世界上是有自己的人生目标的。

你的孩子在还未降生的时候，就已经开始执行他的人生计划了。

你的孩子拥有自己强大的内在情绪引导系统。

你能为你的孩子所做的最好的事情，就是帮助他始终掌控这种情绪引导系统，把握他内心的力量。

可只有你自己掌控了内心力量的时候，才有资格去帮助孩子。

你不能也无需控制你的孩子。

你们之间发生的所有挣扎、反抗、争吵、对峙，都是你们的行为无法与内心合一的恶果。

你与你内心的连接与合一，要比你和孩子的关系重要，更比你所谓的控制重要。

当你对你的孩子失望、气愤、怨恨的时候，是你丧失了内心力量的时候，而不是他真的做错了什么。

致天下子女：

父母带给你生命，为你开辟美好的人生旅程。

父母想要给你最好的，只是他们不知道什么东西才是对你最好的。

你来到这个世界上，不是为了要服从任何人。

你是自己人生经历的创造者。

你拥有强大的内心力量，背负着重大的使命生活在世间。

只要潜心思索内心感受，你就能知道自己是否走在人生的正途上。

父母的生活经历很丰富，于是，他们想让你尽早吸收他们的人生智慧。

当你静下心来，不再一味抗拒，就会明白他们的人生经历对你非常有用。

感受内心的强大力量，你一定能够判断自己的行为与想法是否正确。

父母多多少少都想控制子女，但是，只有你自己才能控制自己，所以，不必反抗父母的行为。只要让你的思维与内心的频率相契合，你就能创造自己的人生。

当你对父母发脾气的时候，说明你的思维未与内在的自己契合，这些不快的情绪是你自己造成的。

人们通常只会以批判的眼光审视别人，这种做法不能解决任何问题。为了找到最有效的教子方法，人们自发组成各种研究小组来讨论这一话题，各种方法不胜枚举。是选择严教还是放任自流，人们意见不一。其实，理想的教育方法就在你自己。

时刻关注自己内心的动向，发掘内心对孩子行为的各种想法，还有这些想法背后的感受，这是亲子教育最好的指导老师，也是所有人生经历最好的指导老师。

现在，从你的处境着手：

我必须把孩子牢牢掌控在手心里。

我控制不了我的孩子。

我的孩子不听我的话。

不受家长控制的孩子肯定前途无望。

我得想方设法控制孩子。

以上的话都会让你产生负面思维，这说明，你内心真正的想法与你现在的观点截然相反。

如果我不管教孩子，老师会认为我不负责任，没有教育好孩子。

这个想法也会让你产生负面情绪。学校想通过你来控制孩子，但是，你对此无能为力，这些想法只会与你内在真正的教子方法相冲突。

我的孩子不尊重我。

如果他们连我都不尊重，那么，也不会懂得尊重别人。这对他们以后的人生道路有很大的负面影响。

你认为，所有的痛苦都来自于孩子没有尊重你。其实，所有的伤心都是因为你与内在无法契合。即你现在教育孩子的想法与内在的思维截然相反。试图为自己的负面情绪开脱很正常，因为你的内在知道自己本应快乐。你一遍一遍地对自己说，如果孩子一直这样不尊重大人，他这辈子就毫无希望了。但是，你的内心不赞同这个说法。

我们没有把所有父母遭遇的困境都罗列出来，然后将各种教育方法进行对比，我们只想帮助各位父母简单地看待教育孩子的问题。你所能做的惟一一件事，就是：让自己的行为、想法，与真正内在的自己相契合。

集中所有注意力，思考这个问题，感受更大程度上的自我和谐。努力寻找让自己心情愉快的好想法，并坚持不懈，直到你所认为的作为父母的责任、对待自己与怎样管教孩子的想法，与内在的自己一致。

我讨厌女儿故作神秘、挤眉弄眼地嘲笑我的样子。
她们就那么当着我的面伤害我，根本没有考虑过我的感受。

这些发生过的事情，让你感觉很伤心。现在，试着在不强求女儿改正行为的情况下，努力寻找积极的想法。因为你无法控制她们的行为，只能控制自己的想法：

她们也不是针对我，所有的大人，她们都不放在眼里。

这个想法不比之前好多少，对于女儿不尊重大人的行为，你依然很忧虑。

现在，我们不会向你解释你的情绪变得好或坏的原因，这可能让你的情绪更加糟糕。你所要做的，只是继续寻找好的想法，让自己感觉更好些。

当你努力摆脱负面情绪时，要明白一个道理，当你试图把握生命之桨，与让生命之船顺其自然的感觉截然不同。试着放松一些，尽量不要控制她们，再感受一下自己的情绪是否有所好转：

我所能想到的方法，我都试过了。
我参考了手边所能参考的所有书。
每天，我都为这个问题焦躁不安。
我依然无所适从。

随便她们吧，我想放弃了。

此时，你认真体会一下自己的感觉，品味那放弃痛苦挣扎的愉悦感。要记住，放松就表明你渐渐在远离内心的抗拒。处理亲子关系所产生的每份痛苦，都让你更明了地展望未来，于是，你脚踏实地地向未来前进。此时，情绪高涨的你很容易就能找到积极的想法：

我无需立刻理清头绪。

代替她们思考人生不是我的分内职责。

女儿的人生，需要她们自己厘清，我无暇顾及这些。

我把太多时间花在了为她们的未来烦心上。

还有更多重要的事情等着我去处理。

尽管女儿在我心中至关重要，但是，我也要美美地过自己的日子。

暂时不用为女儿的事情烦恼，美妙的感觉令人窒息。

我的女儿也一定希望我能保持这样的心态。

现在，你感觉好多了。也许，此刻你还会为自己最近情绪不好而困惑。当你想到女儿也许也希望你不要管她们的时候，是有点自我开释的意味的。

如果我现在突然不骂她们了，也许，她们会觉得手足无措。

瞅她们那挤眉弄眼的样子，真有意思。

我做什么都无法扭转局面，也许，我就此不管，她们也不会变得更让人头痛。

这样顺从内心的意愿，充满爱怜地看待女儿的感觉真好。

这种美妙的感觉似曾相识。

我依然记得从前的感觉，女儿完美无瑕，对未来充满欢喜，这种感觉真美好。

我很想找回这种感觉。

现在几点了？她们很快就要回家了。

我多么想看到她们啊。

看到她们回来，我一定很开心。

在这么短的时间里，我们也无法保证你能彻底抛弃烦恼。但是，你至少明白了自己内心真正想要的感觉。只要你有决心，以后遭遇任何困境，遇到种种问题，都能正面思考，舒缓情绪，那么，你与女儿之间的关系定会柳暗花明。

当你的女儿发觉，你不再干涉她们，任由她们自己创造生活，甚至还给她们打气，就不会像从前一样叛逆了。这就像你把压在她们脸上的枕头拿开，她们就不会再挣扎一样。此时，你们各自回到自己的人生之船，继续走向美好快乐的人生之旅。

实例十八

是谁动了我的创意

在过去的两年里,我靠自由撰稿为生。我给几家媒体供稿,反响都相当不错。现在,我可以做一名专职的撰稿人了,有几个报刊固定跟我约稿,他们支付的稿酬足够我养活家人。

可是,最近,我的朋友和同事不断地拿给我看一些别人发表的文章,作者在文章中引用的数据甚至观点,明显是从我的文章里剽窃过去的。当然,这些人并不是原封不动地照抄,但他们只是改了一下人名,或者换了一下表达方式,看起来好像是新的创作,实际上根本不是,他们就是在把我的文字重新排列而已。

首先,一想到我为这些数据和想法花费了那么多时间和精力,而现在有人坐在家里动动手指就给拿走了,我就气得不行。其次,这是明显的剽窃行文,那些作者也是有知识的人,他们对于自己做贼的行为就不感到羞耻吗?我从来不会去找别人的文章,看到好的就把其中的部分窃为己用。都说文偷不算偷,怎么不算偷?偷别人的创意简直比真正的小偷还可恶!

而最让我受不了的是,这些人偷了我的原创创意之后,还把它们跟他们自己的想法混合在一起,制造出一些不伦不类,甚至是完全错误的概念。这些概念只会误导读者,简直是害人害己。他们为什么不自己创造,非得要剽窃我的东西?

你一直在观察这个世界，按你自己的说法，你“为这些数据和想法花费了那么多时间和精力”，自然会认为你观察世界的角度是绝对正确的。于是，你看到别人跟你完全相反的价值观时，就愤怒了。你觉得自己从来不会像他们那样做。于是，你觉得有责任控制他们的行为，以防止他们做出不恰当的事情。

几个世纪以来，人类口诛笔伐、兵戎相见的战争从未中断过，希望通过战争来改变别人的行为和想法，并希望改变后的世界更符合自己的逻辑体系。然而，直至今日，也没达到这个目的。为什么我们无法改变他们？因为这个世界上没有什么是绝对正确的行为、思维，或者生存方式。既然没有绝对对的，也就不存在绝对错的。

通常情况下，人们习惯于把人生目标定位在“找到正确的人生观，并尽最大努力使所有人也按照这种正确的人生观生活”。社会越发达，人们越来越热衷于评判什么是对的、什么是错的，错的如何才能变成对的。然而，这一切跟你来到这个世界上的初衷是完全不沾边的，你选择了在这个世界上生活，也不是为了断定谁对谁错。

无论你的价值观多么具有普及价值，多么正确，只要你对别人的观点产生抗拒心理，你与内在就无法协调，于是，你也不能从中受益。此时，也许，你会与大多数人一样，怪别人没有服从你，使你所谓正确的价值观无法发扬光大。如此反复，你便会陷入永久的矛盾与争斗之中。当你牢记“人生由自己创造”，别人没有义务认同你的各种观点和行为，也无法指使你做任何事，这样，你才能敞开怀抱，以宽容的心态看待世间百态，任人们各自追求人生乐趣。

你无需与世界上的任何人达成共识，但是，你必须与内在的自我相协调。当你物我合一，使万物完美幸福的观点自然源源不断而来。

在你而言，无论他人想法有多不适，都不应因之而失去自己内在的力量、喜悦、明朗。

当你说道："我绝不会这样做。"其实，对于判定对错并无益处。你不去做某些事情，是因为自己本就不认同。也许，潜意识中，你已了解内在的自己认定的准则，所以，能够分辨出哪些行为更适合真正的你。但是，你永远无法了解他人眼下的行为与其内在是否如一。所以，不管别人有何行为，你都无法判定这些行为是否合适。妄言判断他人所作所为，便是偏离了自己的轨迹。

亲爱的朋友，这才是让你无比难过的源头。问题的关键不在于他人剽窃了你的创意，也不是他们掠夺了你的读者。当你对这些剽窃者满怀恨意，痛苦无以复加时，其实是你自己无法与内在相契合。

"如果剽窃我创意的人能对我道歉，我就会舒服一些。"这种想法是天大的陷阱。无论有多少人支持你，你都不能控制别人的行为和想法，而且，这些做法也与你内心的自己相抵触。

当你意识到，你能通过积极思考而缓解负面情绪，你将打开自由之门，不被他人意识所禁锢，全心全意控制自己的情绪。

这个认知最重要之处在于：无论别人是否懂得这个道理，你都能随心所欲地实现自己渴望的人生。这是你自始至终所想要得到的巨大力量，也是人类从古至今渴望揭开的生命之谜。

我们将带你细思以下陈述。每个陈述都比之前的更积极，循序渐进，你将达到身心合一的状态：

多年来，我呕心沥血，才发表这些足以令我自豪的创作。

可别人读了我的文章、喜欢我的文字,然后修改一些细节后就宣称这变成了他们的工作成果,我觉得这种行为是不太对的。

我从来不会那么做。

我做事从来都是全力以赴,以做到名副其实。

我有一颗感恩的心,有所受惠,必会感激。

如果我礼貌地通知剽窃者我不喜欢他们这么做,估计他们也不会听。

因为他们的人生观明显与我的不同。

其实有著作权法约束盗版行为。

如果我想提起诉讼,所有的取证工作都非常简单。

而且无数的人都可以做我的证人,我相信他们也都会支持我。

但是对于要不要起诉,我还是有选择权利的。

我知道,即使我认为剽窃者的行为的确是错的,起诉他们对我来说也不是一件多么开心的事,而且也很麻烦,会占用我一定的精力。

而且,我的实际工作并没有受到剽窃者的影响——照样还是有很多人向我约稿。

我并不是想开一言堂,我也希望听到更多的声音。

只要是乐观振奋的消息,谁说出来都无所谓。实际上,越多的人说,这个世界也会变得越加地乐观、振奋。

我希望通过文字使得大家的生活是充实向上的,那么,如果这些文字是从别人那儿来的,只要大家能听到,也算是他们帮助我实现心愿。

我很高兴有这么多人希望把积极向上的信息传达给大家。

我不会因为别人的成功而委屈，相反，他们的成功会激励我，也会丰富我的人生经历。

我热爱整个无限的宇宙。

而我生命中的激情也跟整个宇宙一样，是无限的。

我更热爱其他拥有无限激情的生命。

实例十九

母亲步入老年，还得上了痴呆症

我母亲被诊断患有阿兹海默综合征，也就是我们常说的老年痴呆症，我真的很担心她。不知道她以后该怎么生活，也不知道我们该怎么照顾她。大夫说母亲还处在早期，但是这种病恶化得特别快，让我们有个心理准备。我不知道该怎么准备。母亲一直是个头脑特别敏锐的女人，喜欢聊天，喜欢跟别人争论。我真想象不出，有一天她连话都说不利索是什么样。我该怎么办？

你可以回忆一下，当你看别人身上发生过的事情的时候，你跟他们自己对于事情本身的看法会有很大的差别。也就是说，你母亲现在未必多么痛苦，而你看到她身上精明、智慧的消失而产生的痛苦，也只是你自己的感受。

比如，你看到母亲不像以前那样可以专注精力做好一件事，你很焦虑，你急切地盼望她可以恢复如初。你也许会做一些锻炼，刺激母亲，使她有能力独自完成一件事情，然而却收效甚微，因为训练注意力这样的事情只适用于小孩子。现在，你不仅焦虑，还觉得很绝望，尽管你的所作所为都是出于好意，但是，这个病症不单纯是医学界定义的一种症状，它也是你父母得到的一笔财富。因为患了老年痴呆症，老人们更容易打开内心，解除长年存在的心理防御堡垒，他们更容易和自己的内心亲近。你的行为对他们毫无帮助。

当然，你会说，你就是觉得母亲精明能干的形象更好，那样生活才是快乐的人生。可问题是，你无法为你的母亲创造人生。大多人遇到这种情况就是无法接受，更别提看到事情好的一面。他们所做的就是拼命地要改变现状，或者希望恢复过去的状况，很少人想到去改变自己的感觉，调整自己的情绪去配合这种现状。正因为我们无法使时光倒转，更无法使时间停止，包括母亲的衰老，甚至有一天会离去，所以我们更要调整自己的内心，否则的话，你只能在强大的事实下哀怨于自己的无能。

“如果状况有所改善，我自然会高兴起来”，相信这是大多人的逻辑。可我们现在要你做的是，不管外界状况如何，你要重整内心世界，要找到自己的力量。所谓无条件的爱，是你在找到了你的内心真谛——爱之后所散发出来的力量。

你的母亲已经在疾病的“帮助”下，找到了这种力量，并与自己的内心站在一起。有一天，她会离你而去，但那个时候才是她真正自由的时候，没有躯体可以限制她的灵魂和内心了。但是，你现在了解了自己情绪产生的原因，并知道与自己内心合一的重要性，相信你不用非要借助母亲所经历的一切，就能让自己与内在相契合。

所以，我们现在要来探索你的内心，不管你母亲的病情会怎么发展，以下的想法才是最重要的：

我受不了看到母亲失去思考的力量，变成一个废人，这太残酷了。

她以前特别聪明智慧，我完全没想到她会得老年痴呆症。

但是，我也得承认，她本身可能并没有觉得这么痛苦，反而是我这个旁观者更难受。也许是我通过感觉把这种痛苦放大了。

实际上,她得病后脾气反而好了很多。以前让她十分发火的事情现在她都不在乎了。

取而代之的是,她对一切事物的反应较为迟钝。也许正是她以前太敏锐了,才容易动怒吧。

这些天,我觉得她身上有种平静的味道,在以前是很少见的。

我感觉她好像把以前放不下的事情都放下了,不再像以前那么纠结于琐碎的细节了。

对于有些事情,她还是记得非常清楚的。

其实,对她来说,忘记一些、迟缓一些、宁静一些,似乎并不是问题,而是种解脱。只不过,身边的亲人受不了这种时光流逝带来的残酷改变而已。

我从未奢望母亲会永远陪伴着我。

我也没想过母亲会比我活得还长。

一想到亲人要离开人世,我就十分受不了。现在母亲的状况逐渐恶化,也许给了我们更多的时间去接受最终要分离的事实,而不是晴天霹雳。这样对大家都好。

更重要的是,这也让我母亲有个准备。

我得承认,当我这么想的时候,我不再觉得痛苦委屈了,我甚至不觉得这个病是个磨难,它也许是个机会。

我开始明白一切事情都有正反两面,只是有时候我们太执著于一面了,才会觉得痛苦和迷惑。

有时候,那些貌似是灾难的事情,实际上是我们的幸运。

我希望在今后的日子里保持这种感恩的心态,并相信一切都会好起来的。

实例二十

这里没有硝烟:办公室战役

我是一个小公司的老板,公司里大概有20个雇员。我的生意在壮大,而且也在不断盈利,但是,有的时候,我很犹豫要不要扩大公司规模。因为公司越大,需要招的人也就越多,招的人越多,事儿也就越多。我觉得自己还是适合在小规模组织里工作,一切都在我掌握之中。我特别烦办公室里这些勾心斗角,或者同事间互相倾轧这种事情,每天处理员工情绪的事情让我觉得自己哪儿是个老板啊,简直就是幼儿园里的老师,每个小朋友受委屈了都跑我这儿来哭诉。而实际问题是,小孩儿本身就是讨厌鬼。我没别的希望,他们踏踏实实地做好我交代的活儿,别惹事,就可以了。这个要求很苛刻吗?为什么他们就是做不到?

当你把注意力都放在你的生意、雇员、客户、产品上的时候,你会觉得需要管理、照料、控制的事情太多。客户订的货越多,你的生意就做得越大,生意做得越大,需要的人手就越多,需要的人手越多,你的麻烦就越多。在这些琐碎的事情中,你逐渐看不清真相了,你被埋在现实中了。你的生意真的是靠你的行动壮大的吗?不,事业的成功是基于你思想的成功。你的公司是你"想"出来的,不是"做"出来的。

说到这里,会有很多人跳出来为你鸣不平。在这个社会上,大家都崇尚“白手起家”的创业神话，大家喜欢说“想成功就得脚踏实地地去做”，所有人也的确是这样做的。我们并不否认这个世界需要行动，你的公司也一样。我们并不是说无所事事地空想就能成就你今天的事业。我们主张的是，你的思考要远比你的行动更有助于你的成功。如果你可以将更多的精力和注意力放在你的内心思考和你的情绪控制上，你会取得更大的成功，而只用很少的付出。

当我们关注一件事物的时候，目光聚焦之下，眼睛可以看到的范围自然就狭窄了。这也是为什么我们越是关注一件事的状态，这件事就越糟糕的根本原因。而如果我们关注的是如何解决事情，那么我们的眼光自然就会从事情本身扩展开去，不仅解决之道早晚会找到，就连我们看世界的维度也在不断解决问题中得到无限扩展。

如果你现在没有解决之道，就没有机会开拓未来。你内心所愿，必然是当下尚待解决的问题。其实，你想方设法想要回避的处境，正是你生命中不可缺少的动力。认识到这一关键，你与员工必能愉悦和谐地创造人生。

无论是公司结构还是商品，你的事业其实是你思维动向的延伸。所以，通过反复思考、推测、抉择，你的事业渐渐成长。在此过程中，阻碍你发展的想法几乎未曾出现。

你现有一切都是思维创造的产物，因此，早在创立公司、招聘员工与开始生产之前，你内心已经很清楚未来企业的概貌。在这样的状态之中，你的企业飞速向前发展。在一家公司壮大之前，大多数公司都朝着积极的方向前进。但是，当一家公司初具规模之后，大部分老板就开始关注当下的问题，于是，积极的发展趋向开始停步不前。

如果你能认识到，你所有的愿望都能达成，棘手的问题与解决之道都是拓展的必然之路，你就能以愉悦之心顺其自然，带领企业走向光明的未来。

如果你换个角度，不把员工之间的矛盾看成是尔虞我诈的办公室战争，而是把它当成促进员工工作的机会，那么，你将明白员工层出不穷的创意是多么值得珍惜。

企业成功的关键与创造个人幸福生活的原则如出一辙：**你必须寻找令自己快乐的想法，而非指望员工令你愉悦。无论员工所作何为，你都要保持快乐的心境。**

保持一个好心情，并始终转变思维，令自己乐观地笑对人生，你就能与内心的愿望相契合，即促进公司持续良性发展。如此，宇宙自然会实现你所有愿望。当你能够尊重员工的不同创意、能力和个性，并且关注他们最优秀的一面，就会带来更多你想要的结果；反之，如果你关注不足之处，那么，你也将看到更多的缺点，那也是你不乐于见到的。

没有比负面思考更糟糕的东西，也没有比正面思考更美妙的事物。

有的老板想要忽略公司管理的各种细节，将精力放在公司远景规划上，这样做也有一定道理。但是，你当下的尴尬处境，并非因为你将心思放在管理细节上，而是因为你以此为苦，负面情绪使你无法与内心相契合。每当你遇到棘手问题时，如果能抱着“车到山前必有路”的心态，那么，解决之道很快就会出现。让你停滞不前的并非管理细节，而是你内在的不协调。

如果你能内外合一，不断发散出希望企业良性发展的愿望，便会有更多颇具管理才能的员工帮你处理公司细节，你也能够一心一意关注想要拓展的领域。

企业与你本身都有永恒发展的特性。现在，从你当下的处境出发，努力思考，寻找能够令自己情绪好转的积极想法。

我烦透了每天处理办公室里的人事问题。

这些人都是成年人了,可看他们的行为,你就觉得他们真是幼稚到家了。他们就不能成熟一点,像大人那样处理问题吗?

公司里还有很多别的事需要我关注,我没有那么多精力整天处理这些。

员工是公司正常运转的基础。

员工的状态对我来说还是非常重要的。

我一直希望公司能为大家创造一个不错的工作环境。

他们大部分人一天中的大部分时间都是在公司度过的。

所以,他们想让自己大部分时间是舒服的,这种要求的确也无可厚非。

面对不让他们舒服的事情,他们反应得很快且很激烈,这也是正常的。

人生是不断探索的过程,他们也许挺懂生活的。

我了解他们的不满,也许有助于创造出令他们满意的环境。

也许他们不觉得跟同事相处有什么问题,至少没到我想象的那种程度。

至少他们的工作效率还不错。

他们高兴与否不是我能控制的。

我之所以觉得困扰,是因为我过分关注这件事了,而且只看到了消极的一面。

我不应该为了让自己感觉好点让他们改这个改那个,他们的行为是他们的行为,我的感受是我的感受。

他们身上有很多积极向上的东西,甚至有几个人是天生的乐天派、开心果。

当我更关注令人鼓舞的一面时,我发现那些令人困扰的事情都不存在了。

我也希望他们可以自己解决问题，而不是每次都求助于我。

我不但希望提供给大家一个亲切的工作氛围，也希望这个工作环境是有弹性的、有扩展空间的、多维的。

我热烈地爱这些家伙。

实例二十一

丈夫不可理喻，像茅坑里的石头

最近，我正在读《吸引力法则》这本书，觉得书里说得太对了。我也在试图按照书中的方法来调整自己的情绪和心态，但是，我丈夫说这是在胡闹。当他知道我在按书里教的那样做的时候，他甚至发脾气。我越是感觉到“吸引力法则”在生活各个方面体现出来，他就越是爱说些打击我的话，令我伤心。

我希望他也看看书里的方法。毕竟我们的生活是共同的，不可分割的。如果他也能按书中教的改善自己，那么，我们不就会更和谐、更幸福吗？可他连看都不看，就只会说些冷言冷语。我真担心他的负面情绪会影响我的改善，我该怎么说服他？

他人的想法对你的内心其实无足轻重。当你在乎丈夫的想法，他的想法就变成了你的想法，于是，你的内心情绪就受到了影响。

当你的生活与他人密不可分，你会认为你们应该在许多事上达成共识，共同创造美好人生。事实上，生命之流蕴含创造万物的动力，因此，无需他人帮助，你自己便能达成美好心中愿景。但是，当你有了抵触的情绪，所有愿景便不能一一实现。

你感觉自己受人影响，前进迟滞，其实，是因为你的内心开始抗拒。举例来说，你很想换个环境居住，但是丈夫却执拗不换。如果你能一心一意想象新家的模样，使每天散发的能量都与新家相契合，那么，渐渐地便会没有任何阻力，所有愿望都能实现。

反之，如果你很在意丈夫的态度，想要百般解释自己搬家的理由，而且因为丈夫的态度而不开心，那么，你的思维就与内心愿望不符。始终将关注点放在丈夫反对搬家上面，就相当于你的内心之中产生了一股强大的负面力量，于是，你便与当初的愿望渐行渐远。

也许有人会说："但是，如果我丈夫赞同我的想法，我就不会这么烦心了。"当所有事情随心所欲，你自然会感觉良好。丈夫认同你，你也能够更快地达成愿望。但是，要依靠身边人的情绪才能心想事成，你就逼迫自己陷入了无法挽回的绝境。每个人都要首先考虑自己的感受和需求，因此，身边的人未必会时时追随你的想法。

无需他人认同，你依然能够创造想要的生活。

如果我丈夫更乐观一些，也许我的生活会更好。

书里介绍的方法真的很适合我，可他连看一眼都不愿意。

他要是肯试试，肯定受益匪浅。

他要是肯试试，我也能从他的改善中受益啊。

可换个角度想想，我在揣测他的想法并为之担忧的时候，我其实违背了书中教授的忠于自己的准则。

即使是像我丈夫这样跟我极其亲近的人，也不应该影响到我的思维。

我们并不是在所有事情上都保持一致。

尽管我们意见一致的时候，两人的生活更和谐，但这不意味着我要什么他就要配合。

以前也有这样的意见相左事件发生，我利用书中教授的方法调整自己的心态，结果整件事情很快地就烟消云散了。这一次应该也不例外。

事情可以顺利地解决并不是因为我跟对方解释或者最终妥协，而是我调整了自己看问题的方式。结果就是，我想要的都来了。

我是有能力有力量控制自己的，我有选择，而不是被动地依赖别人改变来让自己开心。

让我丈夫无条件地同意、接受我的观点本身就很不公平。

我还是希望他可以和我一起分享书中的方法，但这是我的愿望，而不应该是我催促他或者勉强他的行为。只要我有强烈的愿望并调整好自己的心态，相信有一天他会主动来看这本书的。

我们之所以能够成为生活伴侣就是因为我们可以看到共同的美好的东西，尽管角度不一样。

看到自己能够这么想，就已经让我很骄傲了。

以后只要他愿意，我们可以一起做很多事情。

同时，我也会“偷偷地”做我想做的事情。

对于明天我很期待，因为我知道只要我按照书中教授的方法做，就有更多的惊喜在前面等着我。

我爱我的丈夫。

实例二十二

我真的是“大龄”

我今年七十多了，以前年轻时能做的很多事情现在都做不了了。可对我自己而言，并没觉得有什么“风烛残年”那种一吹就灭的悲凉。我变老了，满脸皱纹，身材也不如以前挺拔，这些生理上的变化是肯定的，但是也仅此而已，我的心态并没有跟着变化。

最近我发现报纸、电视上都在不停地讨论老年人怎样怎样，就连喜剧演员都肆无忌惮地拿老年人开涮。尽管这很无聊，可我不得不承认，它还是让我觉得不舒服。我相信今后的日子我还有好一段快乐充实的日子要享受，可一想到我会越来越老，我还是觉得很沮丧。我该怎么办？

有时候听到有人哀叹“人生苦短”的时候，我们觉得既可悲又可笑。你无法跟我们一样从完整、宏观的角度看待你的生活。大多数人对生命的理解就是从生到死，生是指他们肉体的诞生，死就是指他们肉体的死亡。人活得越久，就离死亡越近一点。生和死之间的距离就是这么短暂，难怪“光阴似箭”，难怪人老了会沮丧。你不是因为年老而沮丧，正如你所说的，对于生活本身，你还是充满希望，你能从中获得乐趣和满足。你之所以会伤心，是因为你知道自己离肉体的死亡越来越近了。可如果你能把肉体的死亡看成是一段灵魂新旅程的开始，那么你就不会那么沮丧了，甚至你还会心怀好奇和崇敬。

我们可以整日不停地跟你说“永生”这件事，可我敢保证，你听不进去。在这个现实的世界，你看得见、摸得着这个生存空间里的一切物质，当你死亡了，你没有躯体可以去触摸、去倾听，你自然便认为自己失去了一切。我们跟你谈的“永生”和“灵魂”太虚无缥缈了，你实在想象不出来，是吗？

可如果你想改善自己的情绪，从低落中摆脱出来，想过好未来的每一天——像你憧憬的那样，你这种强大的意愿最终就会把你推向我们。因为你的意愿磁场把我们吸引进来了，你开始迈向了身心合一的第一步。也许你现在还无法迫使自己相信永远真的可以永远，那么当你迈出第二步、第三步……之后，你自然而然地认识了你久违的好朋友——内心。当你专注于自己与广阔的内心完全相通，与其共同探索充满愉悦的生命经验，你发现当下的每一秒都那么美妙，以往的不如意或者将来可能面临的困境都消失不见了，你的生活中只有这一刻。你紧紧地抓住当下，享受阳光雨露带来的生命的乐趣。那些想得而得不到、不想遇见却偏偏相逢的不快乐在当下都不存在。就这样，你的每一个当下组成了你的每一天、每一年，你发现你竟然可以永生，时间对你来说根本不存在。

你不知道自己到底有多老，不过，你感觉你几岁，你就是几岁。也就是说，你的年龄完全由你做主，而且也只能由你做主。如果你指望行动去改变现状，那么必然会绝望。没有行动可以阻止时间流逝或者你躯体的衰老，也没有办法可以阻止别人谈论衰老或者对你投来同情的目光。避开人群，藏起所有的钟表和日历？相信你会觉得，这样的生还不如去死。其实，你大可以开阔的观点来看待自己的年龄。你只要找到内心真正的意义，不仅会豁然开朗,往后的经历也会变得很美妙。

下面,请从自身的处境开始思考,然后循序渐进地找寻能够带来正面感受的思维吧。

我讨厌电视里的喜剧演员拿老年人开玩笑。

这些人真是很不尊重长者。

他们也不在乎开玩笑是否会伤害到别人。

想到他们也会变老,我的心情就好多了。

他们当然会老,除非是在老之前被卡车撞到,提前去见上帝了。

哈哈,一想到他们恳求上帝说:“我不想在天堂永葆青春,只想回到人间等着变老。”我就想笑!

其实我是开玩笑的,我可不是真的希望他们被卡车撞到。大家最好都平平安安的。

我只是希望他们能够体谅我们的心情。

伤害别人不好,我不喜欢那种感觉,也不想让别人受到伤害。

但是总是有人不断地受到伤害,理由各种各样。

有时候没啥理由,人也会觉得伤心。

想要控制这个世界来避免人和人受到伤害,是不可能的事。

所以,我也用不着别人改变什么来防止我伤心。

我自己能照顾好自己,包括心情。

我以前只是想保护别的老人,让他们不受伤害吧。

但是现在我发现,他们的感受是他们自己的责任,他们要为自己的情绪负责,跟我一样。

喜剧演员嘛,就是要把事情的某一面扩大化才能收到喜剧效果,其实他们对我们老年人的真正看法也许没那么夸张。

我以前之所以那么在意别人的看法,动不动就觉得被冒犯,是因为我丢失了自己的振动频率。

我以后应该不要这么敏感,多听听这些搞笑故事,让自己开心些。既然他们演了,就不要浪费笑料啊,享受当下吧!

实例二十三

我的女儿爱撒谎

我女儿是个撒谎精,她可以若无其事地站在我面前说些我一下子就能戳穿的谎言,让我又好气又好笑。她的谎话简直是信手拈来,无论多小的事,她都不肯说实话。我一直认为诚实是最重要的美德之一,而且我自己从来没在孩子面前做坏榜样。她跟谁学的这一套呢?我真的是想不通。

每个来到世上的人,都相信自己是一个"厉害"的创造者。但是从诞生的那一刻起,你却慢慢地被环境限制住,最终学会了妥协。还年幼的时候,你对自己的内在感觉比较强烈,可随着身边的人开始将他们的喜好、观念与要求加在你身上之后,你清楚地感觉到自己和自己内心的分裂。通常情况下,孩子都会逐渐接受别人的控制,迎合众人的期盼,最终与自己的力量分离,然后变成跟自己父母一样的成年人。但也有例外的情况,他们自我意识比较强,就会反叛,比如你的女儿。

一开始,孩子们通常不知道自己在反叛什么,甚至他们自己都没有意识到这是内心在反叛。他们只是不喜欢别人干涉自己,喜欢用自己的力量处理事情。可父母和其他权威不断地施压让他们无法自由运用力量,于是很自然地,他们开始把怒气撒在跟自己打交道最频繁的人群中。这也就是为什么大多数孩子在成长过程中都会对他们的父母颇有怨言，因为父母是他们生活中最常遇到的“外界干扰”。所以，说谎也好，反叛也好，这些都是表面症状。真正的内因是他们意识到，自己陷入了无法取悦任何人的困境。

父母总是认为孩子很容易受别人影响，也会顺从父母的要求，只要乖乖听话就是好孩子。而那些主见非常鲜明，不乐意任由他人摆布的孩子则会被贴上坏孩子的标签。当外界的命令开始和他们内心的真正意愿越来越远的时候，孩子们的反叛和愤怒就产生了。孩子跟父母的交锋焦点主要是一点，孩子想过一种生活，而父母想让他们过另外一种。父母总认为只有自己挑选的生活道路才是最适合孩子的，而他们不知道，我们每个来到世上的人都有着自己的使命和蓝图。

父母给孩子立规矩，甚至检视他们的一举一动，目的只有一个，就是希望孩子按照自己说的做。孩子没有选择。他们生活，却没有选择，这本身就很残酷。而父母之所以认为自己能够指导孩子，最根本的原因是不信任孩子，他们不相信孩子可以独立处理、自由选择。而孩子对于这种不信赖是非常敏感且反感的，他们一旦发现你的质疑，便会生气，因为这样违背了他们对内在自己的了解。换句话说，如果离父母远一点，离父母的管教远一点，他们反而会更喜欢爸妈。

只要有人横阻在你和你的内心力量之间，事情就成了麻烦。

只要你为孩子立下规矩，告诉他们什么该做什么不该做，就已经激发了他的反叛情绪，并为谎言的生长铺下了肥沃的土壤。这不仅仅限于你跟孩子之间，跟你的丈夫、朋友，也都是一样的。他发现如果照你的命令做，你就开心；违背你的意愿，你便发怒。当他明白什么事是可以取悦你的，什么事是可以激怒你的，就会开始编造一些谎言，让你感觉好一些。

与内在自己失去联结所造成的空虚，只有与其重新契合才能填补。一旦你发现与内在联结是多么美妙的经验，就能鼓励孩子加以效仿。在孩子面前展现头脑清晰、自我及整体存在的圆满，就是最好的身教。帮助孩子引导自己的情绪与内在建立联系，比强迫孩子遵守你的意愿要好得多。

你的现状十分有趣。你的女儿因为某些原因没有和她的内在契合，因而产生了负面的情绪。你在女儿身上观察到你不想看到的反应也导致你无法与内在的自己契合，从而导致了你的负面情绪。于是，你和女儿开始陷入互相责怪的恶性循环。

面对女儿的时候，只有努力寻找顺流思维（即使现实状况令你不容易做到这点），卸下你心中的抗拒，与内在的自己合而为一，你会渐渐懂得从开阔的视野来看待你的女儿。我们可以保证，如果你做到这样的话，女儿也会受到你的启发，进而与自我契合。

当你与内在的自己契合时，你只会看到女儿最好的那一面。同样的，当你的女儿也与自己的内在契合时，她也就没有理由再对你撒谎了。

父母能够给孩子最好的礼物，就是以身作则，引导他们也与内在自我达到契合。当你持之以恒地寻找顺流思维，然后与内在的自我相契合，你的孩子也会学着与宏观的自我保持契合的状态。如此一来，这份确保生命欣欣向荣的宝贵礼物才能世代传承下去。

那么，现在就从现实出发吧，去寻找能够纾解对你女儿的情绪的思维：

我女儿总是撒谎，但诚实才是对的。

我搞不清她这么做的动机是什么。

撒谎的人是要受到惩罚的。

我不想让女儿养成坏习惯。

我知道每个人都有自己的想法。

虽然我不知道她为什么总撒谎,但我相信她有自己的想法。

我希望她能信任我,乐意跟我说实话。

如果我能尊重她内心的想法,也许她会更乐意跟我说实话,而不是谎话。

过去的事我没法改变了,错了就错了。可是以后我可以控制,我可以给女儿更多一点自由。

我看得出来有时候她说谎的确是想要得到多一点肯定。

我要明白,当她说谎的时候,她是没有跟内在的自己契合。

我应该鼓励她努力与内在的自己契合,而不是把她推到一个无法契合的状态。

我应该知道,女儿说谎是因为她无法与内在的自我契合,这才是我要安抚的部分。

我现在关心的并不是说谎这件事,而是说谎背后的原因。

我并不是想阻止她说谎,而是想帮助她与内在的自我相契合。

我的乖女儿过去一直都处于和内在的自己相契合的状态。

她小的时候,一直是我的灵感来源和精神支柱。

现在,我有能力可以回报她。

实例二十四

为什么升职的永远不是我

我在这家公司已经工作了很多年,我自信比公司里任何人都了解它,甚至可能包括老板本人!我的工作内容很多元,什么都沾点边,我相当乐在其中。可我也常常觉得,好像这些事是大家都不喜欢做,才跑到我这里的。反正我是这里的资深员工,所以基本上任何工作我都可以胜任。

上周,一个工龄还不如我一半的员工竟然被升职了。我一直以为下一个升职的就是我,而且我也比他够格,实在是想不通为什么公司不升我。我真想辞职算了。

任何人生课题都有两个方面,一是你想要什么,另一个是得不到你想要的东西。现在你的注意力都集中在"我得不到升职机会"这个方面了。当然,大部分人会说:"你说的没错,但我是因为不受重用才开始在意这件事的。"然而,我们要说的是,走进你生活的事件跟你的感受和思考是绝对"般配的"。你越觉得不受重视,你就越不受重视。也有人说:"是啊,可总得有人重视我,我才能觉得受重视吧?"很抱歉,在我们看来,只有你先重视自己、欣赏自己或者觉得自己很被别人欣赏,才能吸引到别人真正的重视和欣赏。你的振动是产生吸引力的关键,因为你可以控制自己的情绪和思维,所以你能控制自己的吸引力磁场,这样你才能得到你想要的。

你不需要去回想被忽略的经历,因为这肯定会影响到你,使得你感觉很糟糕,而当你感觉很糟的时候,你吸引过来的是跟你感觉一样糟糕的事件,于是开始恶性循环。明白了这个道理,你就应该知道现在是时候去寻找可以纾解情绪的正面思维了。

生活中,我们总是能听到人们抱怨别人抢了功劳,而自己没有得到应有的待遇。其实,我们希望你了解,这个世界是公平的,没有人的收获是毫无理由的。你发出什么样的振动,吸引力法则一律会以频率相符的事物回应。它客观,不可抗拒,而且公正。如果你的生活中的确发生了不如意的事情,只要弄清自己想要什么,然后将注意力专注在你想要的事情上,知道能够自然而然地产生正面思维,最后你必定能够如愿以偿。

进一步来说,就算你想要的东西没有得到,或者说,你看着别人获得了奖赏,对你而言也一样有好处。因为你的频率暂存区会因此扩大并发出更加强烈、明确的振动,所以更容易汇集强大的宇宙力量。然而,当你保持一种抱怨的态度,你就是处于逆流的状态,但是你想要的正处于顺流的状态。因此,你越想要得到,心情就越糟。

我们希望你可以认识到,你永远不会失败,因为生命的每一刻都会促使你的愿望不断改变,而且宇宙力量也总会帮助你实现这些愿望。只有你会成为自己的绊脚石,阻止这些愿望的接收。不过好消息是,当你在阻止这些愿望的时候,你的消极和逆流情绪会让你知道自己正在阻碍自己实现愿望。

有一个有趣的方法可以介绍给你,当你看到别人得到升迁而愤愤不平时,你应该为自己感到高兴。因为你强烈的情绪反应,代表你内心对于理想工作环境的渴望正在发生振动。

这时，你应该感到高兴。

高兴自己意识到这种生气和受伤的情绪，这表示你的情绪引导系统正在运作。

你应该高兴自己弄清了心里难受的真正原因。这个时候，你的频率暂存区早已经扩大，也变得更加美好。

你应该高兴如果自己愿意，你有能力可以甩开船桨，顺着生命之流前进，甚至升到更高更好的职位。

你应该高兴自己未来可以步步高升，拥有无限美好的前途。

你应该高兴，只要仔细觉察自己的内心感受，并持之以恒地寻找能够纾解情绪的正面思维，未来必定有数不清的大好机会在等着你。

当你全神贯注于自己的愿望，同时持续地在自我契合的状态下觉得愉快，就会将自己的资历以振动频率的形式发散出去，到时候就会有数不清的机会出现在你身边。训练自己时常练习成功者的心态，就会吸引到成功人士来到你身边。相反的，如果你一直陷入沮丧的情绪，他们就无法找到你。就算你就在他们身边，他们也一样看不见你，因为你没有和他们所追求的成功频率相应。

目光短浅的老板确实有可能忽略了你的才能而提拔了其他人。但是全知的宇宙却看得一清二楚，是不会忽视你的才能的。相反，你宝贵的才能会在与最佳的时机会合之时发挥出来。

不要让自己被一些不重要的小挫折打败，引导你离开内心愿望的顺流之路。你要做的，就是好好利用当下，努力寻找正面思维，然后做足准备，好迎接永远宽广的人生旅途中各种意想不到的升迁机会。

现在，就从你的现状出发，试着去寻找更为正面、顺流的想法。

不管我在这里工作多久、多努力，永远没人看见，也没人赏识我。

我把所有该做的事情都做了，还是得不到升职的机会。也就是说，我这辈子也甭想升职了。

这里面肯定有不公平的因素，我知道。

你会产生这些想法是正常的，但这些都是令你无能为力的逆流思维。下面继续努力：

这个职位本应该是我的。

我知道我的老板很清楚我工作的态度和质量，可是什么原因促使他作出这个决定呢？

我应该辞职，然后让他们尝尝没了我之后手忙脚乱的滋味。

然后他们就知道谁才是这个公司不可或缺的栋梁。

啊哈，我们抓到你这种“复仇”心理啦！你现在还在以消极的态度对待整件事，当然比起最开始的无力，你已经有所进步了。接着来：

我知道，认真工作的员工不止我一个。

还有很多其他人，他们也得不到与付出对应的嘉奖和机会。

我不希望公司倒闭，导致好多人失业。

我也不想辞职，让家人和自己为此吃苦。

我也许不是惟一一个有资格升上这岗位的人。

也许我也不是惟一一个想要升上这职位的人。

这件事对我影响很大,可我也可以振作起来,把这件事情当做一个很好的转机。

我要好好留意那个升职的家伙,看看他到底有什么特别之处。

我希望可以不断学习和拓展自己。

也许这次的升迁并不一定适合我。

未来可能有更好的机会在等着我。

仔细想想,我好像还没有做好升职后要担任更大的责任的准备。

不过,我喜欢自己这么分析问题。

在分析的过程中,我觉得很有活力。

经过这件事和这样的思考,我觉得我成熟了,视野也开阔了很多。

人生有这样的发展,我并不觉得沮丧。

事实上,我很满意现状。

我期待着未来更好的发展。

实例二十五

没钱也没时间照顾父母，觉得很愧疚

我的父母都身患重病，无法自理。我住得离他们太远了，而且还有一份全职工作，没法亲自照顾他们。医生建议我给他们找一个有专门人员监护的地方静养。父母辛苦工作了一辈子，却几乎没攒下什么钱，家里也没什么值钱的东西可以变卖。仔细访查后，我发现自己根本负担不起想要他们住进去的看护机构，可是其他地方又不是那么理想。我现在一想起这些就头疼，觉得自己特别没用。

时常有父母过来找我们，跟我们说他们担心自己的孩子。我们的回应是，担心是帮不了孩子的。而碰到担心父母的孩子们，我们也会说同样的话：你们关心和担忧帮不上什么忙，反而代表你离解决之道越来越遥远。

当你看到你不想看到的结果，比如深爱的亲人健康出现问题，你会产生强烈的渴望，并投射到情绪暂存区里。因此就算你现在没有认识到，当你和父母互动的时候，特别是为他们担忧的那几年，你的振动频率也会持续不断地为他们扩大。

当你处于极度担忧的状态时，正与你心中对父母的愿望相违背，所以很难找到一个好的解决方法。所以，你要做的就是先清空自己头脑中的那些担忧的情绪，并持之以恒地将思维扭转为顺流，问题自然会迎刃而解，答案也定然会出现。

你一个人是解决不了这个世界上的健康看护危机的，而且这也不是你的工作啊。你的工作只是和你自己内心的愿望契合，特别是对父母抱持的各种愿望。你内心的感觉可以帮你判断你的思维是否处于顺流的态势。一开始，即使情况没有明显的改变，你或许还是能够怀着乐观正面的态度。然而，对于自己十分看重的事情，如果没有看到成果，你可能很难再持续顺流的思维。但当你一旦见识到和自我契合发挥的成效，势必会带来很大的影响。

你觉得自己面临着一个危机，它让你觉得左右为难。当你在心里一直挂念着这个问题，想来想去都想不到一个令你满意的办法，你的不安就会越来越强烈。在这样的处境和心境下，你绝对找不到合适的办法。换句话说，内心觉得痛苦是问题永远得不到解决。你必须要先安抚自己的情绪。

你可能会说，如果我父母的健康状况得到改善，或者他们有足够的钱可以支付私人看护中心，还是附近有一个不错的机构可以免费照顾他们，再或者是你有足够的钱可以雇人照顾他们，我就可以感觉好一些。可是，这些理想情况并不存在，而且你一时半会儿也不能让他们出现。多数人，在面对自己无力掌控的困境时都会陷入担忧和焦虑。但担忧永远解决不了问题。

你现在惟一的选择就是想办法让自己的心情好转。一开始，你可能不会认识到这项工作有多重要。可是，只要你可以扭转自己的情绪，即使现状不会有什么改变，你的振动频率也会发生改变，这样你会更加接近对父母抱持的愿望。当你与自己的愿望契合时，多扇大门就会开始为你开放，解决的途径也会出现在你面前，你就会知道应该走哪一条路。

不管遇到什么困境，解决问题之道一直都在你的身边。但当你沉溺于担忧、责怪或者焦虑的状态中（我们还可以列举一长串消极情绪），你怎么样都找不到解决的方法。

因此，你要先努力改善自己的情绪。请记得，当下的任务并不是解决问题，而是要设法纾解情绪。事实上，在你没有安抚好自己的情绪之前去寻求解决之道，十之八九会将顺流转为逆流。所以，安抚情绪才是你的首要目标。

我非常担心我父母的身体。
我不知道他们以后会发生什么状况。
真希望他们过去知道好好照顾自己。
我真希望他们过去好好地管理自己的财务状况。

这些陈述准确地反映了你的现状。下面，寻找可以安慰到你的思维：

今天不需要做出什么决策。
问题一直都存在，但我有很多时间可以来解决这个问题。
我知道现在只是一时想不到好办法，总会有好办法的。
当一个问题得到解决之前，我们总是觉得问题解决不了。但当问题解决之后，我们会发现，之前的担忧都没有必要。

现在，你感觉好多了。即使是在这么短的时间里寻找安慰，各种想法都源源不断地涌现。但我们希望你可以压抑住自己想要立刻行动的愿望，因为当你的感觉越好，你的情绪越正面，采取的行动就越适宜，得到的结果也会越好。

遇到这种情况的应该不止我一个人吧，跟我年龄相仿的很多人都会有类似的遭遇或担忧。

我相信很多人都处在相同的处境里。

这就意味着很多人都在寻求解决之道。

当人们发问时，宇宙通常都给出了解决之道，所以一定有很多可采用的解决方法等着我们去发现。

只要我们顺应生命之流，一定找得到适合自己的解决之道。

当我找到我自己的解决方法的那天，一定会带来很大的快乐。

当我懂得借助自身的改变来迎接解决之道时，也许我们的社会文化也会发生改变，进而带来更多的解决方法。

不论他人是不是懂得顺应之道，我都不会受到影响。

我期待可以轻轻松松地想到好的解决方法，来解决父母的照看问题。

当你了解到，你现在惟一的任务就是去实践这样的思考，你就踏上正途了。这不仅是你惟一要做的事情，也是你惟一能做的事情，但这样就够了。只要情绪得到转化，内心的抗拒也会随之消失。卸下抗拒，一条清晰的解决之道就会自然地出现在你面前，引导你一步一步走向期望的结果。

实例二十六

交通堵塞就是集体慢性自杀

我生活的城市很大，人口密集，交通非常糟糕。每天我花在上下班路上的时间就超过两小时，这还只是正常情况下的数字。偶尔遇上道路施工或者车祸意外，通常会在车阵里塞好几个小时。

我想找一个离工作单位近的房子住，可是需要考虑的因素很多。我还有家人，我得为他们的需要考虑。要找到一个让我和家里人都满意而且离我的工作单位近的房子，并不是一件容易的事。可要是像这样一直下去的话，每次堵车的时候我都觉得在浪费生命。

不论你想要什么，那使你无法顺利获得，甚至阻碍你实现愿望的最大障碍，就是执著于现实与梦想之间的距离。

很多人会说："我想到达某种境界，可是我现在的处境就是如此。"现实很容易被他们观察到，所以这就决定了他们大部分的振动频率总是以现实为出发。你可能会想，是的，我现在的处境是这样，我希望到达另外一个处境，可是我又没有能力直接转到另一个境界。我们希望你认识到，不管你是想要恢复健康、想要瘦身，还是想要摆脱贫穷，或者是摆脱交通拥堵，实现这些背后的动力都是一样的：当你想要什么的时候，你要相信有了它就很快乐。如果你现在因为缺少了什么而感觉很糟糕，那么你并没有走在实现理想的路上。你应该保持一个好心情，不管你面临着什么样的情况。只有保持平静，和现状和平相处，才能往想要的境界前进。

人们通常会担心，安于现状等于向现状投降或接受它。这样一来，令人痛苦的问题只会一直存在。但事实是，当你懂得与现状和平相处时，你会感觉好很多，并会使思维转向顺流，甚至会被带到你想要的状态。一旦你开始痛苦挣扎、发牢骚或者不断地抱怨，你将会转向逆流并离自己的理想状态越来越远。

你越是抱怨交通糟糕，越是妨碍你改善现在的处境。有人可能会说，交通问题是个事实，所以我无法控制塞车时的感受。但是，你要知道，任何会影响到你的事物，你都是可以控制的。然而，当你的内心觉得匮乏的时候，你是没有办法产生积极的影响的。任何一种在消极的情绪里采取的行动都不会有一个积极的结果。

在现状没有改变的情况下，如果你可以把自己从负面的情绪里拽出来，同时学会与现实状况和平相处，那么不消多久，你的周围环境一定会发生改善。如果你继续在意当下的困境，而不努力换一种正面的角度来看待它，不仅情况得不到改变，吸引力法则还会带来更多同样负面的情况来呼应你的负面振动。只有你学会了从不同的视角来看待眼前的处境，事情才会出现转机。很多人会说："多给我一些钱吧，这样我就会觉得很富足。"可是我们说，只有你先感到自己很富足，钱财才会滚滚而来。

自主创造的关键就是，选择自己想要的感觉，并找到当下让自己产生这种感觉的方法。只要你能做到这一点，周围的一切将顺应你所发出的新振动——强大的吸引力法则会配合你，并给你准确的回应。

从现状提升到理想状态的途径永远是存在的，只是当你陷入负面情绪的时候，便察觉不到它。随时让自己处于积极的情绪里，你会更懂得时机的把握，会随时有新的想法涌现出来；导致交通堵塞的施工自然会移除，你渴望的工作项目会收入囊中，老板可能会要你在家工作……宇宙是宽广无限的，而你现在无限接近。

所以，请你从现状开始，然后努力寻找更为正面的想法：

我当时怎么会选择住这么偏远的地方？然后每天都要浪费时间在车上闻这些废气。

我实在是受不了在车里干等着，真想干脆丢下车，跑到树丛里去。

这是两个塞车时候可能会产生的想法。我们举的例子可能夸张了点，但我们只是想强调一件事：你碰到塞车时所产生的情绪，并不完全和塞车有关。换句话说，对人生充满开心、有美好的人际关系、财富充裕、身体健康的人与正面临人生困境的人比起来，很少因为塞车而变得情绪这么激烈。

不过，不管你现在感觉有多糟糕，也不管背后的原因是什么，你要做的始终如一：从现状出发，试着让自己放松。

若是你的沮丧只是因为塞车，你就可以很容易地转化自己的心境。当你持续地这样练习，当你再度陷入塞车的车阵时，你就会懂得去接收对自己有利的动力。你会慢慢抓好出门的时机，也可以凭直觉决定什么时候开出高速公路，改走比较省时的路。当你处于一种与内在的自己契合的状态，你还可以与其他驾驶员的能量交会，你会发现这是一件非常美妙神奇的体验。顺应自己的振动频率，整个宇宙都会与你合作。

我想我可以利用塞车的时间来思考一些重要的事情。

既然思维比行动更重要,那么我为什么不利用这段时间来思考呢?

其实,观察旁边车里的人挺好玩的。平时做什么都是匆匆忙忙的,几乎没时间仔细看看别人。

像是参加一个 party 一样,虽然你不能和每个人都对话,你却可以看到其他人的谈话。

猜想别人谈论的话题和猜想他们的生活也是一件很有趣的事情。

我很享受可以在塞车的时候看到这么多样的人、车种和故事。

我喜欢这种思维方式,我虽然不认识他们,也并不知道他们的真实状况,可只要我敢想象、乐于思考,我就可以创造出关于他们的故事。

我很高兴自己的人生故事也从这车里发散出去。

让自己的思维与正面的自我相契合时,然后观察其他正在注意我的驾驶员,也很有意思。

到最后,我最享受的人生乐趣,可能是慢慢地向高速公路的出口移动,然后见证自己的振动频率发生作用。

也许有一天,你的烦恼会变成:“我不禁怀念起从前塞车的时光,那让我可以好好地思考。”

实例二十七

我开始害怕自己的想法

我发觉我有点控制不住自己的“脑袋”了，这让我觉得很担心，因为我知道自己会吸引当下我所想的东西。我甚至觉得，在不知道吸引力法则之前的自己活得更快乐。因为现在我反而会害怕自己的想法。有时候，我的有些想法很可怕，我很害怕因为吸引力法则的作用，这些想法真的会被实现。

你会害怕自己的想法，这其实是件好事。因为你可以感觉到自己情绪指引系统的结果。换句话说，当你觉得害怕，意味着你当下的思维与你内在自己的想法是背道而驰的。所以，当你想到一些坏的事情的时候，你的内在自己并没有参与到这些想法里头。

你所描述的恐惧感，只是你的情绪引导系统让你知道自己正处于抵抗的逆流思维状态。恐惧并不代表某些坏的事情会立即发生，但是却意味着逆流思维的发生。

只有当你持续了一段的逆流思维，你才有可能会失去生命本身的圆满幸福。但是让你养成顺势思维的习惯却用不了多久。只要一点点练习，你就会发现丢掉抵抗的船桨是多么容易的一件事。只要通过扭转自己的思维，持续不断地释放自己的恐惧，坏事绝对不会降临在自己身上。

保持一个愉快的心情并使思维顺应想要的一切,你会为身边的人树立起一个很好的榜样。时间久了,你也会对你的孩子、伴侣、父母和朋友产生正面的影响,帮助他们发挥自主创造的力量。我们希望你可以不要害怕恐惧感,去了解它并从它带给你的指引中受益。纵使你真的遭遇了不好的事,你也有重新开始的能力,可以重新集中精力,创造不一样的未来。

很多人会解释说他们所感到的恐惧是很自然并且合理的,并以发生在自己或身边亲友身上的一些不好的遭遇为佐证。但是,人总是不断陷入困境的原因其实很简单,就是因为当你不乐见的事情发生之时,你的整个注意力都为之倾注,由此引发更多的负面事件。大部分的人都会把思绪的焦点放在眼前的处境。一些顽固的人可能会问:“那么第一件负面的事情是如何发生的?”对此,我们的回答是:你所遭遇的每一件事,都是惯性思维和情绪的产物。

有人还会反驳说:“那婴儿呢?他们怎么能够创造出负面的经验?”我们希望你可以知道,就算小婴儿并不会说话,他也一直在发出振动频率,吸引力法则也同样会给予他回应。

每个人都会在自己的生存环境中学会发射振动频率。早在母亲子宫里的时候,你就开始接收她和周遭环境的振动。不过,你其实不用为你现在已经发生的事情感到难过,因为你现在有足够的能力可以选择能够带来正面感受的思维。现在,你已经懂得生命之流的运作原理,也能够通过情绪变化来判断自己处于顺流或者逆流的位置,所以将不会那么容易再受到负面情绪的影响了。

在决定来到这个世界之前,每个人都知道自己会被各种各样的想法包围,并且不见得会全部都接受。但是,没有人希望自己出生在一个满是限制的环境里,因为你知道——现在你也慢慢地记起——自己将会拥有强大的情绪引导系统,也知道充满多样化选择的环境极为重要。

只要经过少量的训练,你不仅不会再害怕你的念头,甚至会因为自己的想法而开心。因为这世界上最美好的经验,莫过于知道如何将自己的想法与宏观的自我存在合二为一。当你能够通过内在的自我观察周围的人、事、物,你将不会感到任何恐慌,而是喜悦!

下面,从你当下的处境开始,寻找可以改变感觉的思维吧:

我不善于控制自己的思维。

我发现自己整天都处在一种消极思维中。

当然,有的时候,我还是会有积极向上的思维。

我发现,正面的思考有助于扩展心智。

我相信吸引力法则发挥作用的时候,会有更多积极的想法被吸引过来。

我有能力自主去选择那些积极的思维。

我了解,每当我发现自己不想要什么的时候,就会知道自己想要什么。

我可以学着如何引导自己朝着更积极的方向思考。

我的生活中,积极的事情还是不少的。

我也相信,会有更多积极的事发生,而不是那些负面的事。

我现在可以这么想,意味着我的思维已经开始“选择”积极的想法了。

当然,我也用不着要求自己非要每个想法都是积极向上的。

甚至,认为只有积极的思维产生是不可能的。

我要做的只是,尽量引导自己去积极地思考问题。

我想,我正在这么做。

就目前的状况来说,我比过去的几周更努力地正面思考。

我正在努力地引导自己的思维。

实际上,我不只是单纯地“感觉”好,我的生活的确也发生了一些积极向上的改变。

这就证明了,我要做的就是转化自己的心境,而不是改变现状。

我知道,保持正面的乐观的心情,是改善现状的必要条件。

我不只是懂得这个道理,此时此刻,我正在有效地实践这个道理。

实例二十八

丈夫病重难医，我该何去何从

医生告诉我，我丈夫的病情非常严重，目前已经没有其他可行性的疗法了，他们也不建议我继续医治了。我丈夫患病已经有好几年了，可我俩都没有放弃，觉得只要持续治疗，加上坚强的意志，痊愈只是早晚的事。多年来，都是这个信念支撑着我俩走过来的。可是，现在我和先生都觉得很无助，很害怕。

我不知道我能做什么，也不知道我该怎么跟先生说。我到底该怎么办？是继续抱着一丝希望，还是接受现实，跟他一起做好接受死亡的心理准备？

当目睹我们关爱的人遭受病痛折磨的时候，冷静下来，保持平衡是很不容易的一件事。尽管你跟你的爱人已经共同生活了很久，彼此的生活密不可分，你依然也无法得知他的日常思维和外在的自己之间的联系。你只能够掌握自己的振动能量。

当家里有人生病了，很多人往往会不顾一切地希望求取他们所渴望的结果。有时候，这反而成为了一种阻力。但是，纵使是在这样紧张的情况下，你也可以认清自己的内在世界，保持好自己的平衡。当你能够做到这一点时，不管任何情况下，你都可以成为他人的助力。

你无法替你丈夫思考，也不能替你丈夫创造现实。但是，你可以为自己思考，为自己创造现实。当你确实达到自我契合的状态时，自然会发挥出强大的影响力。

这时，可能有的人会说："我会努力达到自我契合的状态，然后帮助我的丈夫痊愈。"但是，我们会说："我将尽其所能地与自我契合，进而影响我的丈夫，帮助他与他的自我达到契合，并且让他做他自己想要做的事情。"这两种陈述的意义截然不同。

所有的疾病，无论什么形式的，都是因为振动失调导致的。人生病的时候，表示生命之流的流势非常强劲，而他却刚好因为某些事情而处于逆流的方位。面对逆境时，多数人会忽略自己内在的振动变化，所以产生的念头多半会导致内在形成抵抗的能量。甚至是正在适应周边环境的小婴儿，也会受到这些逆流的影响。

科学家和医生不断在寻求更有效的治疗方法，所以他们会一直不断地提供新的药物、治疗方式和饮食建议。可是科学家总是会发现，他们研发的速度永远赶不上新发现疾病的速度。除非他们都可以领悟到这个道理：你必须先要了解造成疾病的振动原因，而不是盲目地寻找治疗疾病的有效疗法，因为再多的行动也弥补不了频率不一致的振动能量。

所以，我要说，你现在有充分的理由对先生的健康状况怀抱希望。既然医学上已经放弃了他，你的丈夫从现在开始有更多的心力可以专注在惟一有用的疗法上了：与内在的自己达到平衡。人往往都会在无计可施的时候才开始努力协调自己的能量。如果身体真的慢慢康复后，医生们会说这是"奇迹再现"。其实这并不是奇迹……这只是思想、振动频率和能量协调作用的结果。

一旦你知道什么是自己不想要的，你通常也会清楚地知道什么是自己想要的。因此，你先生在生病的这段时间里，一定发出了强大的渴望,投射在频率暂存区里——这表示他的生命之流目前非常湍急。换句话说,人越是病重,越是会在频率暂存区中投射更多对于健康的渴望。然而,当生命之流流动得更加快速,处于理想境界的内在自己就会发出更为强烈的召唤。当你没有顺应生命之流的方向往健康的理想前进时,就会病得更加严重。

现在你了解这一切是怎么运作了吗?你可以这么说:“我越是病重,便会汇聚越多健康的能量。”事实上,濒临死亡的重病比那些不痛不痒的小病更容易康复。因为面临死亡之际,你的频率暂存区会汇集更大的能量。这时,你惟一要做的,就是保持愉快的情绪。

你丈夫自己才是他频率的掌控者,你不能替他完成这项工作。你要做的,就是在痛苦的处境中保持好自己内心振动的平衡,只要能达到这一点,你的磁场会产生强大的影响力。在当前的情况下,你很容易会产生负面的想法,但是,你必须要扭转自己的思维,使自己的情绪往好的方向转变——这并不是为了你丈夫,而是为了你自己。那么,当你和自己内心的愿想达到契合的状态,就可以对你的先生产生正面的影响了。

你要是能够撇开想要帮助你丈夫的渴望,先努力达到自己状态的契合,就能真正地帮到他。但是,如果你在调整自己能量的时候是以帮助先生为目的的话,就很有可能把注意力放在他的病痛上,导致自我没有办法契合,也没有办法发挥强大的影响力。

你周围的人大概都会觉得,你丈夫的病情,是左右你内心感受的重要因素。然而,我要告诉你的是,无论你丈夫的病情是恶化还是好转,甚至无论他是生还是死,你都必须要保持正面、乐观的情绪。你只有从自私的角度来顾及自我的平衡,才能真正地帮助他恢复健康。

试着从你目前的悲观情绪中走出来，来寻找正面的想法：

我想帮我的丈夫康复起来。

医生说没希望了。

我不知道该怎么办，我不想放弃，可医生都下了判决书了，坐等奇迹是不是太傻了？

现在我已经从害怕先生死亡到可以接受他即将死去的事实了。

一想到他会死，我就觉得内疚，好像觉得自己已经放弃了他似的。

我觉得自己应该是最后一个放弃他的人。

体会一下上述这些想法背后的无力感，然后把注意力转移到你可以掌控的事情上，努力让自己的心情好转起来。不要再设法拯救你丈夫的性命，别去考虑生死之类的问题。也别去想改变医生的诊断和治疗。就做你惟一可以做的事情，就是通过自主选择自己的思维，并改善自己的感受。

有的时候我觉得天要塌下来了，我实在挺不住了；有的时候我觉得没那么糟，心情稍微好一点。

我知道，哪怕是情绪崩溃的时候我也知道我的悲伤、担忧、焦虑是一点用都没有的，它们不能帮助我丈夫康复。

能够脱离让自己感觉不好的情绪，让我觉得很轻松。

当我明白自己的工作不是去改变丈夫的健康状况时，我得承认，我确实感到了一丝安慰。

我好像意识到死亡的确不是一件单纯的坏事，它可以教会人很多东西，对我必定有很大的用处。

既然死亡是每个生命的归宿，那么死亡就不应该被看成是不好的事情。

我不希望我丈夫死去，可一想到留住他的生命并不是我的职责，我就觉得轻松了很多。

我甚至很期待自己可以很透彻地了解物质界与无形界之间的关系。

当我明白我们每个人都是“永生的”的时候，我感觉好极了。

原来死亡并不是句号，也不是分离，理解了这个，我觉得很轻松。

真高兴知道我们的思维可以超越死亡经验。

我们之间的爱情不会因为任何一方的离开而消失。

我希望我丈夫也能找到他的解脱之道，不管是脱离病痛，继续留在这个世界上，还是脱离了肉体回归无形界。

把注意力放在帮助先生获得解脱上面，令我感觉很安慰。

我们并不期望你在这么短的时间内真的能看透生死、大彻大悟。毕竟“死”这个概念在我们的社会上已经存在了上千上万年，而且已经影响了我们很久了。我们欣喜的是，你的振动频率已经开始有了转变。很多人都不了解这一点的重要性。言语不能传道，但是生命经历却可以相传。当你发现了真正的想法并获得解脱，就会发散出完全不同的振动频率，从而影响到你丈夫的振动。由于处于非常时期的他正投射出前所未有的强烈愿望，所以只要你们夫妻俩都可以顺应生命之流，卸下抵抗，必定可以有很好的进展。

在你的预期范围内，最好的打算是：

你感觉好多了。
在你的帮助下,你丈夫感觉也好多了。
他的内心力量强大起来了。
他康复了。

在你的预期范围内,最坏的打算是:

你感觉好多了。
他跟一种纯净的、美好的力量融合在一起了。
他感觉好多了,前所未有的好。

我们只想说,只有当你与内在的自己完全契合的时候,才会真正体会到与内心真正的自我契合时会产生多么惊人的能量。

实例二十九

爱人离我而去

我跟他已经同居两年了，不久前，他搬出去了，我们分手了。我们总是意见不合，有时吵架，可都是鸡毛蒜皮的小事。我总是觉得这些都是正常的，每对情侣不都是这样吗？可他突然说不想和我继续了，他发誓并没有第三者。可我就是不明白了，一个人怎么可以爱着一个人，却又莫名其妙地突然就离开了呢？

大部分人渴望亲密关系是因为有人陪总比一个人空落落要好。可我们反对。换句话说，完美的爱情是存在的，那为什么要委曲求全去谈一场鸡肋恋爱？

首先请你记住，你的感觉是内在振动混合之后的结果，所以这个世界上没有哪两个人是对任何事都意见一致的。虽然两个人是在经历同一件事，但他们的感受却可以是南辕北辙的，比如一个很享受，而另一个则不然。因为他们的内在的振动频率是不一样的。

与其费力去猜测对方的心思或者明知对方的心思而强迫自己去做某些事取悦对方，不如好好对待自己的心思，专注在自己真正想要的事情上，反而更有成效，也会带来更大的满足感。

现实中的物质世界促使你不断地在频率暂存区里注入新的渴望。越是想要就越是得不到，越是得不到就越是想要。比如，你的男朋友搬离了你们共同的住所，你们的关系破裂了，你找寻新伴侣的渴望会愈发强烈和明确。

人生中的许多经历都会促使你产生各种愿望。现在你已经在频率暂存区中打造了一段完美的关系，而且这个梦想会持续不断地召唤你去实现它。产生越多顺流思维，你就越接近这些愿望的实现。相反，感到心碎难过的时候，说明你正在阻碍自己靠近心里那些愿望的发生。

我们总是告诉那些在感情上遭受挫折的人，今天这段感情出现的问题，都会成为开始一段新的关系的基石。很多人往往无法理解也无法接受这样的论调，然而，执著于眼前的不顺，他们将永远无法发现通往美好关系的途径。

有人坚持认为，一个人不可能“突然”做出决定，一定是因为你们的关系早就发生裂痕，而自己没有注意到。如果注意到了，而且及时调整自己的行为，那么结局也许就不是分手。我们很高兴你没有这么想，因为过去的事情就是过去了，为过去的任何事情懊悔都是于事无补，只会给自己平添忧愁。你在整件事情中都保持了一种积极的思维，是值得赞扬的。

可问题又来了，“如果我在整件事情中都保持了一种积极的思维，是值得赞扬的，那么为什么他又要离开我呢?”

我来给你解释。正如我刚刚所说，当你乐观地对待身边发生的事，一切就会朝着你想要的方向发展。换句话说，起起落落的生活，促使你在频率暂存区中不断地打造完美的人生。你也会被这种力量时时地召唤着。所以当你感觉愉快的时候，你离美好未来的距离就更近了。简单来说，离开你生命的任何人，不管是什么原因，都不符合你频率暂存区中打造的理想生活。

还有一个事情，我们觉得很有趣：假设一下，你观察你男朋友的一举一动，并且尽可能地取悦他，结果你发现他开始变得不快乐,并且好像越来越不满意这段感情。你觉得他的不快是你的错,你很自责,同时又更努力地去取悦他。我们要你明白的最重要的一点就是,你过分关注他,而不是与你内心的愿望相互契合,才是造成你困扰的根本原因。所以现在你正处于逆流的状态,而不是顺流的状态。你的频率对应的是你男友的不愉快,而并没有和自己的愿望相符。这样的情况下,他或许会在你的身边待得久一点。你暂时安抚了男朋友的不快,所以他愿意继续留在你身边。很多人会觉得这代表你成功了,但是从长远考虑,你选择取悦他而不是自己,这样的情况持续下去,想要离开的那个人反而可能会是你。

忽视他的不满,并且持续以乐观的态度看待这份感情,你会更接近你对完美感情的向往;如果他跟你所向往的不搭调,那么,他自然需要离开。我亲爱的朋友,我向你保证,他的离开对你而言绝对不是坏事。当身边的人变得很奇怪,甚至离你而去时,只要你学会乐观地应对,你想要得到的关系一定会来找你的。在现在这种情况下,要做到这一点还挺困难的。不过,如果你能真的不为男友离去而伤心,并且尽量不让自己受到不满情绪的影响,你渴望的关系就会很快地出现。这时,你要做的工作还是一样的:去寻找正面的想法。不要把任何人的困境当做自己的问题。不要为了取悦安抚其他人的情绪而违背自己内心的愿望。与自己不相配的,就让他们去吧。

你现在感受到的“痛苦”很复杂,包含很多方面,也涉及很多对你很重要的事情。你想要被爱、想获得安全感、想被人重视,现在却没有爱,得不到安全感,而且觉得被遗弃了。我们知道,你刚刚经历了情人的离去,想要找到正面的想法很困难,但是,你必须把它当成努力的主要目标。

吸引力法则会把符合你振动频率的人、事、物带到你的身边。因此,只要你能够选择并掌握自己的振动频率——使它可以符合你频率暂存区中的理想,你理想中的完美伴侣一定会出现在身旁。相反的,如果你的振动频率与理想是相反的,就会吸引与你当下的感觉相符的人。也就是说,如果你一直觉得被遗弃,那么就会吸引会遗弃你的人。

要让你的思维与心里的完美关系相符合,其实比你想象的要快得多,不需要耗费多少时间和心力。在不久的将来,你再回想这段关系,就会明白今天他的离开是对你多大的帮助。因为在他的帮助之下,你创造了理想的伴侣。你或许会想写一封信给他:

谢谢你曾经让我伤心流泪,尽管这很痛苦,但我至少明白了什么才是我想要的。谢谢你让我懂得了只有忠于自己的内心才能获得追求幸福的巨大力量。我很高兴我们曾经相爱过,也希望你的未来能因为曾经有我而变得灿烂美好。

很多人都会很努力地想要事情顺心如意。但是我们希望你知道,只有你努力与内在的自己保持契合,而不是努力迎合他人的要求,宇宙很快就会让你如愿以偿。只有你面对自己的内心,知道自己真正想要的是什么,你才会吸引到跟你合适的完美伴侣。你不用去找,宇宙会把那个人带到你身边。这就是宇宙的法则。

所以从现在开始,寻找让你感觉更好的想法吧:

我觉得震惊、悲伤,不知道该怎么办。

我不敢相信我们分手了,我一直以为他就是要跟我白头到老的那个人。

为什么他要这么对我?

为什么他会假装想要跟我永远在一起?

下面,试着离开这些让你觉得无力的想法,至少要找到大梦初醒的感觉:

这种事再也不会发生在我身上了。

我不应该被人这样对待。

我很高兴他离开了我,很显然他不是我想要的那个人。

很显然,这些想法都是负面的,因为你用的全是“不”。不过,这么想应该会觉得轻松很多,所以,请继续:

很显然,我们俩不合适。

我们没有必要再浪费时间了。

这件事正好让我看清一切。

我觉得分手这段时间虽然不长,可我好像学到了一辈子都学不到的事情。

回过头想想,我好像已经预料到会有这么一天。

以前我只是在逃避,而现在,我知道我们迟早会分手的。

我不遗憾我们分手了。

其实也没什么,只是两个人不在一起了而已。

这段感情我很珍视,可它的破裂对我的引导才是最宝贵的。我终于明白了自己是一个什么样的人,自己在找一个什么样的人来共度余生。

我对美好的关系再度充满希望。

接下来,我会放慢脚步,细细思考。

我不需要急着想通这件事。

我其实很开心自己可以有一个自由的空间。

而且我对我的未来很好奇，到底会是一个什么样的人再次走进我的生活呢？

不管他是什么样的，我都觉得有了这一段感情做基准，我的下一段感情会更好。

也许有一天，我会感谢他帮助我看清楚自己真正想要的事情。

不过，绝不是今天。

嗯，也许是吧，确实有那么一点感激他。

你承认你感觉好多了，对吧？这就是你惟一要做的工作，让自己感觉好点。如果你能保持这种感觉，幸福敲门只是迟早的事情。

实例三十

宠物生病

我的狗年纪不大，可它总是病怏怏的，一年到头总是大病小病不断。我的钱差不多都扔在宠物诊所了。我很爱我的狗，我不想它受苦或是死去，可我也不想三天两头带它去看兽医。它到底怎么了？

跟地球上其他的动物一样，你的狗要比人类更容易与内在的自我达到契合。相比于家养的动物，野生动物更尊重自己的内心需要，它们更开心，更幸福。可跟人在一起的动物就不那么自由了，它们会受到人类的支配或影响，因而产生自我能量失调的现象。动物和人类一样，都是天性渴望自由的。因此，被圈养的动物内在的抗拒感也比在大自然怀抱里生活的动物要强烈。对于人类来说，这好像有点难以理解。在人类世界生活，可以衣食无忧，还不用受到其他动物的攻击，好像是最好的选择。但是对于动物来说，自由的重要性要远胜于安全感。

虽然如此，有很多动物和人类的相处也不错，它们也喜欢与人亲近。即使是看似受到监禁的生活，也不会促使它们产生抗拒，进而造成它们振动能量的失调。不过，你的狗在一个充满负面情绪的环境中并不会好过。它的身体状况已经表现出了强烈不满。充满纯粹、正面能量的野生动物，只要看到人类接近就会想要逃跑，并不是因为它们害怕人类，而是因为它们不喜欢。

你饲养的动物多半都会适应人们发出的振动频率，与人类互动的时候也可以保持自我能量的平衡。和人类一样，动物的振动平衡也取决于它们当下关注的事物。当动物将它们的注意力放在你身上，而你并没有和内心的能量相契合时，它们也会受到影响。不过，动物的恢复能力很好，它们可以很快与自我契合。因为它们不像人类会一再回顾过去的种种，不愉快的情境一过，它们就会彻底抛开。

但是，如果动物每天都处在压力或者愤怒的情绪下，觉得自己被主人嫌弃，碍手碍脚，它们的能量很可能就会失调，并且在身体上出现各种症状。

许多学习自主创造的人都想要知道如何创造自己的现实，想要了解自己的情感指引系统，并且希望可以学会并保持顺流思维。但人们总是在察觉到自己的负面情绪影响到了宠物的时候，才下定决心要做些什么。有趣的是，如果这些负面情绪影响到自己的时候，人通常都会选择忍受痛苦。可一旦发现这回影响到心爱的宠物，人们就会愿意做些改变。

你关心宠物的健康和幸福当然很好，我们也希望你可以关心你自己的幸福和美满。

当你处于逆流状态（负面情绪）中，如果不努力抛开船桨，吸引力法则会继续回应你的振动，导致情况恶化——你的感觉也会跟着糟糕。

如果你依然不设法放下心里的抗拒，吸引力法则会持续回应你的振动，导致负面情绪加剧，你的痛苦也跟着加倍。

如果继续维持现状，不出多久，你的身体会发出失衡的警号。

有时候，你心爱的宠物身上的症状也可以成为你的引导系统的一部分。它似乎知道，你宁可自己忍受负面的情绪而不愿意影响到它。因此，宠物就会实现你们出生之前已经设定好的任务——提醒你注意自己的振动表现。

你的宠物很乐意帮你理解“死亡”的含义——没有死亡，只有永恒。动物总是开心地从一个躯壳换到另一个躯壳，并且享受着徜徉在生命之河。你的狗是世界上最伟大的心灵导师。

如果你爱你的狗，就尽量寻找一些正面的想法：

我想知道为什么我的狗总是生病。

我不知道这样有什么好处。

我不想看到它病快快的样子，而且还要花掉大笔的医药费。

我试过让它自行寻找生路，但是又不忍心看它受苦或者死亡。

我真的快要担负不了它的宠物治疗费用了。

每次带它去兽医那儿，我的心情都糟透了。

可要是不带它去，看着它没精打采的样子，我的心情更糟糕。

既然做什么都感觉不好受，我还是试着让自己心情好点吧。

它或许是想要给我一点启示。

我会试着跳脱出来，了解一下这件事情背后的意义。

有一件事是让我略感欣慰的，就是我的狗虽然总是生病，可它好像一点也不担心。

尽管它的行动不像以前那么敏捷了，可它总是开心的。

我跟它说话的时候，它都会尽力地摇摇尾巴，作为对我的回应。

有时候我甚至觉得它在安慰我，让我不要那么担心它。

我也该放松一下自己的心情，然后用自己的好心情安慰安慰这个被病痛折磨的小家伙。

从现在开始,我要乐观点、高兴点、轻松点,就像它一样。

我会用更乐观的口气跟它说话。

我不会再抱怨高昂的医药费了。

我不在它身边的时候,我想象着它的情况正在慢慢地好转。

我下班回到家的时候,要去注意它身上康复的迹象而不是恶化的迹象。

哪怕是看到一丁点康复的迹象,我也要欢欣鼓舞地告诉它,让它知道自己正在痊愈中。

我要努力寻找正面、乐观的想法,其他的都不去理会。

我觉得它在帮我关注自己的内心。

它是一个伟大的心灵导师,对我付出无条件的爱,因为它并不是通过改变自己的身体状况来让我觉得好过。

我觉得它要带给我的信息是:"是你自己选择让心情好转的,而不是我的身体好转带给你的。"

这个信息让我再度充满力量。

我的狗棒极了!

实例三十一

我的钱永远不够用

我好像从来没有过不为钱发愁的时候。每次我手头稍微宽裕一点，就有预料之外的开销。我得养我的家人，我得让自己过得下去，可是物价上涨的速度远远超出工资的涨幅。

以前，我每周要工作40个小时，我妻子在家当家庭主妇。现在我每周工作60个小时，妻子也找到了一份全职的工作，可还是觉得钱不够用。我总是看着别人一家人去度假，又买新房子，又买新车子。我总是想，他们的钱到底是从哪儿来的？我到底差在哪里呢？

或许，你认为良好的财务管理就是达到收支平衡。但是，很多人都不知道，这其中还牵扯到一个重要因素，就是自我能量一发生抵抗，不论再采取多少行动都无法弥补。财政状况这么窘迫，你一定会担忧。但只是担忧，情况永远无法得到改变。因为吸引力法则只会回应你当下的振动，而不是你的行动。

当然，具体行动的成果更显而易见些，比如身体强壮的人总是比身材瘦弱的人更有力气，身手敏捷的人要比行动拖拉的人搬东西更快，一个每分钟打60个字的人肯定比一分钟打20个字的要更快地完成工作。可是跟达到自我契合之后的能量相比起来，实际行动造成的差异其实是微不足道的。简单来说，自我能量失调，是任何行动都没办法弥补的。

当你持续以逆流思维的方式来看待缺钱这件事情的话，你是阻挡了自己的财路。当你总是因为缺钱而感到沮丧，而不采取任何正面思考，你的沮丧就会转化为愤怒，最后转化成恐惧。这时，你的惯性思维只会促使自己产生更多的抵抗，并且持续地远离财富。你的感觉越差，事情就会越糟。因为你越是感觉不好，自己的内在就会产生越多的抵抗，从而阻止你找到解决问题的办法。

每当你注意到自己缺钱的时候，你就会发出更加强烈的振动要求，促成生命之流湍急。然而，当你把注意力放在自己缺钱的问题上时，即是强迫自己转为逆流，因为你的内在正处于顺流的状态。对你的财政状况产生的强烈的负面情绪，代表了两项重要的意义：

1. 你渴望可以获得财务上的帮助，而内在的自己也在召唤着你朝这个方向前进。
2. 你被引向了逆流的方向，背离了你获得财富的方向。

不管你和你的妻子工作多久，也不管你们赚了多少钱。只有先达到自身内在的平衡状态，你才可以获得财务上的收支平衡。你一旦懂得抛开船桨，任由自己顺着生命之流，就会感到轻松自在很多，你的财务状况也会跟着脱离困境。

当你渴望得到一件东西，并持续很久，你的频率暂存区内会累积庞大的能量。这时，只要情绪稍稍纾解，情况必然可以得到很大的改善。换句话说，只要你可以让自己保持正面的好情绪，放下抵抗带来的正面影响将会印证在自己的财务状况上。

既然你已经知道了可以自己掌握金钱的流向和拥有财富的

多寡,或许可以让自己从此经验模式里验证这个道理:即使是在缺钱的窘境里,你也要保持愉快的心情。学会掌控自己的情绪,就能发挥能量契合的惊人力量,这时吸引力法则才会把实实在在的财富带到你的跟前。相反,如果你只是依照当下的处境作出情绪反应,你付出多少努力,才会勉强得到多少酬劳。

从当下的处境开始,寻找一些让你感觉更好的正面想法:

我烦透了总是缺钱的日子。
我注定一辈子缺钱用。
我总是在工作,我总是很疲惫不堪。
我不想总是节衣缩食才勉强过得去,我受不了总是这样。

这是你真实的感受,也是你目前的处境,但是这样的思维绝对没有办法给你带来更多的财富。你必须先扭转自己的思考模式和情绪。然而,我们不是让你扭转思考模式和情绪去改变你的财务状况,而是为了要改变你的振动频率。如果你能够以改善自己的感觉为目标,并且时时保持乐观的情绪,财源绝对会滚滚而来。

我比左邻右舍的工作时间都长。
但是他们的钱就赚得那么容易。
好像每天都有人跟我显摆他们的新车。

不断地跟别人比较情况,只会让你陷入心理不平衡的状态,也会不清楚自己的思维方向有没有得到改变。但是,不断对比自己的每个想法,并且专注于寻找让你感觉比较好的思维,用不了多久,你就可以学会什么是顺流思维。

我们目前的状况并不差。
实际上,我们的生活过得也还可以。
我和妻子都对我们已经拥有的成就感到很骄傲。
我们作了很多正确的决定。
我们家里还有一点资产。
其实从整体来看,我们的生活还是在慢慢改善的。
跟以前相比,我发现我们的生活有很大的改善。

你现在感觉好多了,接下来继续努力,看看自己还有多少进步空间:

我会想出办法解决缺钱的问题的。
事实上,我很擅长解决问题。
我正在等待灵感。
目前,我们过得还不错。
期待未来的发展,其实是件很开心的事情。
有时候,我觉得前途一片光明。
我们的未来充满机会和活力。
看未来会有什么样的进展,一定很有趣。

观察到你这个思维过程的人一定理解不了你能从中获得多么大的力量,因为这时你的口袋里还没有掉进来一毛钱。但是,当你体认到生命之流的威力,并且在改善情绪的过程中发现自己消除了莫大的阻力,你就可以了解这个过程所带来的深远影响了。这时,你再也不会怀疑思维的力量了,能够亲身体验到心想事成的美妙经验。有人会认为你是撞到了财神,走运了。可只有你自己知道,这是你发挥自主力量促成的结果。

实例三十二

我的狗死了，我悲伤不已

我的狗死了，我难过极了。我知道狗的寿命不长，也知道我的寿命一定比它的长，但是它真的走了的时候，我还是好难受。我现在很不想回家，因为每次走到门口，想到它再也不会摇着尾巴出来欢迎我，就会难过不已。不光是这个，每天我要碰到的人、事、物都会让我想起它。我觉得自己不应该难过这么久，可我好像怎么都没办法摆脱这种悲伤的情绪。有朋友建议我应该再养一只狗，可我做不到。不管怎么做，我未来不一样还要痛苦吗？

在痛失宠物的时候，似乎比任何事还更让人伤心。虽然有些人认为还有那么多事要操心，为一只宠物伤心或者难过不仅没道理，也没有必要。有人可能还会说："他失去心爱的狗，反而比失去父亲还要难过。"

你越是渴望得到某件东西，你无法得到它的时候就越是痛苦。你认为是你宠物狗的死造成了你的悲伤情绪，实际上不是的，这背后还有更重要的因素。

对于你来说，你的狗不只是一个宠物那么简单，它代表着世界上最纯粹、最乐观的一种能量的延伸，就如同刚来到这个世界上的时候的你。你很爱你的狗，在和你的狗相处、互动的过程中常常受到它的启发,让自己与本源相通。你失去了你的狗,你当然很想念它。但你真正想念的,其实是与本身能量连结。

你的狗像你爱它一样爱你,并不要求你改变什么。

你的狗不会要求你为它的快乐负责。

你的狗和你相处的时候很开心,但是没有你在身边的时候,它也是开心的。它的喜怒哀乐并不是仰赖着你的行为。

你的狗从不恐惧或者预期死亡,它知道什么是永生。

这些事情,如果换成是你的父亲,可能就不适用了。

如果,我们设身处地地为你着想,我们会把注意力放在有狗陪伴时感受到的快乐情绪上,回想它期待陪你散步时的眼神;回想它追逐小鸟和松鼠时候精力充沛的样子;回想它躺在地板上头枕着脚时的安静模样。当你放下伤痛,想起过去与它共处的美好时光,你就可以回到有它相伴的自我契合的状态。这个时候,如果你愿意,宇宙就会把另外一只狗派送到你面前来代替它。只要你愿意这么做,就会找到一只不会撕咬你鞋子的宠物来陪伴你。

凭借着你对振动的认知和爱犬对于自我契合的认知,你就能达到与自我本源相契合的状态,从对爱犬思念的伤痛里走出来——你可能暂时还不想和另一只狗去完成这个过程,但这就够了。无论如何,我们也不鼓励你为了填补精神空虚而养另一只狗。你真正失去的是与自我的契合。一旦你努力达到自我契合,你自然就知道接下去该怎么办了。

现在,从你现在的悲痛情绪出发,努力寻找正面、顺流的想法:

有时候我会突然忘了爱犬已经不在的事实，等想到的时候，又会开始难过。

好多事都会让我想起它，我好想念它。

它离开以后，我觉得我再也不像从前的自己了。

听说时间会抚平一切伤痛，但我的情况没有任何好转。

第一次回家少了它的迎接，是我最难过的事情。

这些陈述忠实地反映了你的感受和你对狗的思念之情。寻找正面思维的目的就是为了帮你体认到，虽然你无法让自己的爱犬死而复生，但只要你努力，就可以让自己的感觉好过一些。然而，如果你一直沉溺在同样的负面思维里，诉说着同样的伤痛，情况永远无法改善。你必须寻找能够让自己感觉好转的想法，所以请朝着这个方向努力：

我会专注在其他的事情上，而不是时时刻刻都沉溺在悲伤里。

有时候，不为爱犬难过的平静心情可以持续一阵子。

就算是我的狗还活着，我也不会每天都挂念着它。

我经常不在家，也不在爱犬身边。

在先前的处境下，或许不难产生这些想法，但这些想法都为你带来了比之前的更好的感觉。继续努力：

我很高兴过去和爱狗共度了那么多美好的时光。

未来，我或许会找到另一只心爱的狗。

找到能够带来些许安慰的想法之后，你可以稍作停留，默想几遍之后，再继续努力寻找同样的思维。寻找顺流思维的秘密并不是比赛谁能最快找到最为正面思维的想法，而是一个渐渐舒缓负面情绪的过程。花一点时间寻找可能带来正面感受的陈述，然后观察自己情绪的变化，就能带来极大的进步。

我想我还没准备好要接受另一只狗。
养一只新的小狗是一个改变人生的经历。
我还记得我的爱狗小时候的模样。
它刚来的前几周，我一直威胁它要把它送回去。
它看着我的眼神总像是在说："你是在开玩笑吧？"
我会笑着跟它保证说我就是在开玩笑。
它刚来我家的时候真的很调皮，很好玩。

现在你可能还是没有再养一只狗的打算，但你已经比几分钟之前感觉好多了。我们的重点不在于你究竟该不该再养一只狗，而是希望只因你回到最初心情愉悦的自然状态。

与另一只狗相处应该会很有趣。
也许我会找到一只与死去的爱狗个性很像的狗。
我得回想一下它小时候的个性。
它对什么事都感兴趣，而且每天都快乐得不得了。
这么想也许会给我一些安慰。
我就想着它快乐的样子就好了。

实例三十三

我的儿子竟然是同性恋

我儿子上大学后就搬到学校去住了，去年暑假回家的时候，他告诉我们他是同性恋，而且还找到一个恋人，而且两个人已经同居了。

儿子宣布他是同性恋的事情已经过去几周了。我知道自己永远不可能有孙子之后难过不已，但还是勉强接受了。我丈夫简直要气疯了。他总说要是孩子不上大学就好了，要是不去念大学，没有遇到这个男孩子，今天这一切也不会发生。我每次看到他爸爸大发雷霆的样子，我就觉得胆战心惊（我知道他是爱儿子的），别人会怎么对待儿子呢？

对于所有的父母来说，孩子跟自己的人生观不同都是件不可接受的事。大多数父母都认为自己活了那么大岁数了，对人生总有些许正确的认识与体会。于是每个父母都想要把自己的人生总结灌输给下一代，希望他们能认真倾听、绝对执行。

如果让我们只给天下的父母一个建议，帮助父母改善与孩子之间的关系，并且让双方都脱离相互挑战彼此极限的痛苦，我们的建议会是：你的孩子并不是你的翻版，他们来到这个世界的目的也不是成为另外一个你，他们都是带着自己独特的愿望和使命诞生在这个世界上的。

你的儿子并不是因为上了大学才变成同性恋,这并不是他在物质世界的某个当下做出的决定。在他出生之前,处于无形界的他,早已将这个愿望投射在频率暂存区内。

有很多认为自己是同性恋的朋友问我们:“为什么我会选择同性恋?为什么我会选择如此与众不同的观念?为什么我会做出如此令人痛苦的选择?”我们的回答是:

其实,当你在无形界的时候,并没有明确表达希望自己成为一个同性恋。不过,你确实抱着一个强烈的愿望来到这世上,那就是不轻易向别人妥协。也就是说,冥冥中你知道你将出生在一个星球,而这个星球上的大多数人认为自己的做法是惟一的准则,随时准备向你灌输他们所谓的正确价值观。

你从宏观的无形界来到这世上,就是要与众不同。你的独特性将不被世人所理解。你不但不顺应世俗的眼光,也不会为他人而改变。换句话说,你的使命是帮助其他人体认多元性的价值,并且明白要求别人改变是不可能的事。假如你任自己配合他人的观念来改变自己,等于是在帮倒忙——他们将永远不会明白,只有掌握了自己思维的力量,才能获得真正的自由。

人们总是喜欢“谈论”无条件的爱,可是能做到的又有几个呢?正好相反,一旦人们发现有事情让他们不悦,就立刻想改变它们来让自己高兴起来。然而,设法掌握别人来获得快乐,就是迫使自己走上了一条痛苦的不归路。

当你必须通过控制他人来感到快乐,能够施展的空间会日益狭隘,也必须付出超出所能的时间和精力,才能进行这件不可能完成的事情。

而真正所谓“无条件”的爱,就是忽略掉那些所谓的必须要遵守的“条件”、“准则”、“规律”而付出的爱,忠于你内心想法的爱。“当我全心全意关注我的内心的时候,有一种难以置信的快乐的感觉，我觉得我有爱的能力和意愿。我的儿子，或者任何其他人都用不着改变他们自己来取悦我，我的愉悦由我的心底升起……"

而且我们还希望你明白，你儿子怀着最动人的使命来到这个世界上，就是要给你无条件的爱。作为母亲，没有任何事能够比无条件爱你的儿子更能让你快乐，也没有任何事能够比拒绝他而更让你难过。

不过，这不只是你一个人的事情。你还有两件事需要处理好：第一，你的丈夫对儿子的决定很不满；第二，你的丈夫令你不悦。我们指出这两点不是要让你去改变你丈夫对你儿子的看法，或者是让你影响儿子的作为。你惟一的力量来源，就是寻找与内在自己契合的想法，然后不断练习，直到这些想法成为你的主要思维模式为止。

我们可以百分之百向你保证，不管这个世界有多少人不接纳你的孩子，你的内心和本源都会永远爱着他。只要你也继续爱着你的丈夫，不论发生什么事情，也不论他人对你儿子的性向多么不认同，你都可以脱离心里的抗拒，和内在的自己契合。

现在，就从你的现状出发，试着让思维与内在的自己和本源对这件事情抱持的态度一致：

我的儿子选择了一条坎坷的人生道路。

我全心全意希望，他不是同性恋，而是个普通的男孩子。

我的丈夫非常固执，我真怕他一辈子也没法接受孩子的选择。

我觉得我们家的幸福都被毁了，而我却对此无能为力。

我丈夫根本不想试着去了解儿子。

儿子改变不了性向，但我丈夫应该试着去理解他。

我丈夫不只是在这件事上很固执,但是这件事比其他事加起来都要严重。

我非常不想看着这样的事情发生。

你的情绪已经从无能为力转化为愤怒和责怪了,这表示你正朝着内在自己的顺流方向前进……不过你还有很长的路要走,请继续寻找能够纾解情绪的方法:

这对我们来说是截然不同的经验。也许过一段时间,我们就能接受了。

这件事不会让我们永远都难受的。

我主要是因为看到我丈夫对儿子的反应难过,而不是因为接受不了儿子是同性恋的事实。

我丈夫之所以这么生气也许并不是因为他多么反对儿子的决定,也许他认为他"表现出的"气愤可以让儿子改变决定。

过一段时日,一切就会好转的。

情况一定会好的,毕竟我们一家人是彼此相爱的。

遭遇困境,有时候会让一家人更加团结。

任何事、任何人都不会破坏我们一家人之间爱的纽带。

我应该尽量地把自己的心态放轻松,不要在自我的迷宫里转悠了。

我可以慢慢想通这一切。

我丈夫是个理性的人。

更何况,他天性还是乐观的。

我们都是很乐观的人,这只是暂时迷途。我们一定会重新回到幸福的家庭的。

一切都会好起来的,我坚信。

现在的你更接近本源对这件事情的感受了。下面,我们将会为你描述本源的观点:

你们都是能量本源的延伸。你们来到世界上,并不是想要筛选世间的想法,只留下好的观点。当你准备前来的时候,你并没有说:"进入这个物质世界之后,我会想出正确生活的方法,然后传授给他人,教他们如何打造完美人生。"当时,你明白世上的每个人都有不同的观点、倾向和立场。有这样的多元性,才会有源源不断的产生进步的观念。

你很期待可以探索无穷无尽的想法,也想体验各种想法、情境、情况、事件、关系等一切经历——你内心深知,多元性是促使创意源源不绝的基础。你也知道,内心一旦燃起渴望的火花,本源和无形的你会全心投入到新的拓展愿望上。愿望的火光会在不远的未来闪烁,一路指引着你,呼唤着你,等你去体验实现你所渴求的喜悦。

你知道,生命永远没有完结的一天,也永远不会出错。因为生命没有终点,只有永恒的契合。更重要的是,你知道自己的本源,你内在的源头,一直在召唤着你,凝视着你,而且无条件地爱着你,直到永远!

灵修活动现场录音文稿

打开心扉，拥抱世界

“随顺的艺术”工作坊

◎ 前言 ◎

2006 年 11 月 1 日，星期三，本工作坊在美国佛罗里达州的坦帕举行活动。现在的发言录音已经收录在随书附送的 CD 中，以飨读者。本录音文稿经过整理，更明白易懂。如需要更多的录音带、CD、书籍、视频、目录册、DVD，或者想要提前报名参加下一次亚伯拉罕—希斯工作坊，请致电 830 - 755 - 2299，或写信到亚伯拉罕—希斯的刊物办公室：得克萨斯州，圣安东尼奥市，邮政信箱 690070 号，邮政编码 78269 。如想快速浏览相关书籍的内容，请登录我们的网站：www. abraham - hicks. com

各位早上好。看到在座各位参加本次工作坊，我们备感欣慰。大伙能够相聚在一起，相互激发灵感，共同创新进步，是一件多么美妙的事，你们说是吗？共同创新，提升自我，这实在是一件妙不可言的事。你是否享受此刻的人生，为思想之花所迷倒？你是否听到内心在追求进步的呼唤？你是否发现思想先于肉身，在前方为肉身指引，带领你走出迷雾，活出精彩人生？

可是，大部分的朋友都不因生命的这些美妙感觉而备感兴奋,为此,我们会进行深入地探讨。通常,当他们意识到自己都来源自一股纯洁积极的能量时,有些人会反驳道:"既然如此,那么为何我们会把自己置身于现在如此不堪的环境,处处充斥着令人恶心的事物?这就是我们的思想吗?难道我们的思想要让我们陷入这样的困境之中吗?这是我们自己愿意的吗?"人总有这样的心态,环视四周,发现心爱之物已在身旁时就会欢呼:"我喜欢它。"一旦发现厌恶之物只有咫尺之近,就会大喊:"不,我恨死它了。"然后全盘推倒。他们对它是如此反感,于是千方百计打击它,摆脱它,从而不自觉地令自己产生一种负面情绪。他们渴望一个全新的环境,建立一段新的关系,找份新的工作,搬进新的房子或者社区。总之,那是一个芳草鲜美、落英缤纷的桃花源,"只有当我被美好的事物环绕时,我才能摆脱垃圾堆般的生活,呼吸一口新鲜空气"。

如果你没有集中精神的能力,那么我们可以理解你的想法。但是,人生来就有专心一致的精神机制,能够专注于自己的选择、自己的目标。而且我们知道,对内在更广的你来讲,人生是可以选择的,你能够自由选择自己的未来。人生就是一餐丰盛的自助餐,中餐西餐,甜品头盘,你都能自由选择你爱的食品。

也许你还会说:"是啊,人生就是一餐丰盛的自助餐,那么我想让里面全部的美食都是我喜欢的,这有什么错呢?"

久居兰室,不闻其香。当所有的美食都在眼前,你舌头的味蕾能分辨出哪个更美味吗?这样的人生能够有不断进步的空间吗?这的确是一个难题。但如果你不能从糟粕中选取精华,不能从砂石中挑出珍珠来,那么你就不能进一步提升自我,你的小宇宙也会因此而停止燃烧。(别担心,这样的事情永远不会发生的。)

冥冥之中,你注定要生于这个充满矛盾摩擦的世界。你生命的源泉,那股思想的力量为你选择了这个家,是因为它知道你需要在此磨炼,在此成长,它对你的人生有着重要的影响。大部分朋友都忘记了自己有专注的能力,甚至不能够理清自己的思路。这些,我们都能够理解。千头万绪,剪不断,理还乱,生活中错综复杂的人际关系网将你紧紧包围,要在迷惘中寻找破网而出的奇招,的确是一件令人抓狂的事。不过,希望你能记住自己是谁,这一条人生路上,你将要踏出多少的涟漪水花。一旦想明白了,你就会发现,专注于人生的方向是一件多么容易的事,内心的自我也会告诉你,没有任何快乐能将它代替。这是永恒的自然法则,你将在不断前进中提升自我,过去是,现在是,以后也是。实际上,你也不能叫停生命巨轮的脚步,它一往无前,步履坚定。

因此,我们为你勾勒出人生画卷的梗概,帮助你了解出生前的你是一个本源的思想能量,而此刻,这股能量依然栖居在你的身体当中。可是大部分人都没有意识到这一点,他们想:"我希望出生前能有力量源泉的灌溉,往生后也能继续散发能量的芳香。"但极少数人能够真正明白,本源能量是和肉身同在的。这些观点时常敲击你内心最柔软的深处。你还没有死,你不仅仅在活着,你的思想之花永不凋谢,你将得到永生。

源自无形的思想能量,你珍视自己的身体,生活中不同的人事景物正敲击着你的心房,滴答滴答,你的内心也随之起舞,与之共振,美丽的裙裾在一曲又一曲的乐声中泛起涟漪,一直向外扩散,正是这些跳跃的音符游移在五线谱中,连接你和内在的真我,唱出一段一段的和声。倘若你站在镜子前,看到一个令人讨厌的身影,你讨厌自己,讨厌一无是处的自己,觉得自己没有任何存在的价值,你充满罪恶感,眼中的自己只有缺陷,那么,这些所谓的"一无是处"、"罪恶感"、"自我批评"等负面情绪不断涌上心头,你快要窒息了。而这些负面情绪之所以能在你脑海中兴风作浪,是因为你还没有看清楚真正的自己,镜中的这个你根本不是内在的你,你比它美丽很多。

倘若你为自己感到骄傲,渴望得到更多美好舒适的生活,时刻爱惜自己,满足于现状,那么,这些快乐情绪之所以源源不断地涌现,是因为你看清楚了自己,这个就是真的你,你是一个讨人喜爱的人儿。

同样,这在你看待别人的时候也奏效。任何时候,无论你产生何种负面情绪,极端与否,它都是在试图告诉你一件事:你的凡胎肉眼看见的世界与内在真我观察到的大相径庭,世界没有这么大,也没有这么小。

此刻,能明白这个道理是非常重要的,因为你一旦有了这种意识,你就把尘封的真我打开了,真正地活在当下,每分每秒,你激活了全身经脉,连细胞也变得有活力,你内心的指南针正为你指引方向。随时随地,你都清楚自己身在何处,和真我保持通话,这是一件何等重要的事!因为真我是你人生的高峰,它在山顶呼唤你攀登前进,它看到了你永生的美丽风景。

缓缓展开那一幅人生的画卷:你是那股本源的思想能量,你把部分的力量散落在人间,塑造出你的肉身。在这副身躯中,你看尽人生百态、喜怒哀乐,现在,你清楚地知道自己要什么,不要什么。任何时刻,无论你有否站在世界中心,大声宣告自己的欲求,你的内在也正在空气中颤动着,向外激起层层渴求的涟漪。

如果有人今天粗鲁地冒犯你了,你希望明天他能变得更有礼。如果是你无意冒犯了他人,你也希望下次自己能举止得体。当你的心情跌落到谷底,你希望能重返快乐的山峰;当你病得奄奄一息,你希望自己能赶快变得生龙活虎。生活每一天都在变化,每一天都在推动你萌发新的欲求,任何人都不例外,甚至是单细胞生物也在迸发狂想。这就是万事万物成长进步的过程,也是人生阅历赋予我们特殊的礼物。

可是,我们知道大部分的朋友都难以理解这个道理,或者说他们是没有放开身心,认真去探索和思考这个问题。你是那股本源的思想力量,你栖居在这副肉身之中,不断播下强壮的种子,绽放出思想之花。我们希望你能聆听自己的心声:“真我能听到你欲求的呼唤,它会与之产生共振,并逐步帮你实现自己的梦想。”

也许这对你来说暂时没有什么意义,因为你还在花花世界中苦苦追寻。而你眼眸倒映出的景象,它们也曾经是一股股的思想力量,然后才化为思想形态,变成你眼中一个个独一无二的它、他和她。

因而,当我们告诉你内在的真我正持续与你的欲求产生共振时,有时你并没有感到很兴奋。不过,如果我们换个角度思考,你就能感受到激动的血液在沸腾。因为无论你的欲求是什么,这一刻,就是创造的开端。这是创造之书中重要的一章,因为它是教你如何创造自己的小宇宙。于是,我们写了一本书,取了一个非常贴切的名字——《有求必应》。我们非常喜欢这个书名,因为它把创造的全过程都向我们娓娓道来了:有欲求,就必有回应。

本来我们想取一个更长的书名,可是出版社不认可。我们希望书名能传达出这样的思想:我是一股思想能源,我把部分的意识散落在人间,并用其塑造了一个躯体,我栖居在这个肉身当中,喝水吃饭,慢慢长大,日渐丰富的人生经验给了我判断是非对错的能力,并激发我内在不断产生新的欲求。在这个过程当中,内在的真我不但对我的欲求有所回应,实现我的愿望,并且在往后的年岁中成为共振能量本身。听了之后,出版社认为

“有求必应”这四个字已经完全涵盖了以上的意思。

生活给你带来的种种难题和疑惑,思想源泉不但一一为你解答,并成为答案本身。现在如果你能明白这个道理,那么恭喜你,你终于找到了开启内心指南针的钥匙。因为这两个共振的双生儿能帮助你时刻检视自我有否与真我保持步调一致。请记住我们刚才说的话,这对你来说是至关重要的:生活鞭策你永不停步,追求卓越,活出更美好的人生。你用生活给予你的一砖一瓦,慢慢建筑自己的城堡,甚至在出生之前,你已经在收集各种坚固的材料,因此,你已经创造了一个强大的思想之都。而你的思想源泉,一直都在这里陪伴你,随着大都会的繁忙节奏而热血沸腾。吸引力法则正在回应你内心发出的共振,你感受到了吗?吸引力法则正在挖掘你内心更加成熟、更加广大的内心更加真实的一面,感受生命的原动力,感受生命的灵感迸发,感受生命之流不断流淌,感受本源的深情呼唤。现在你是否明白,为何有时脑袋能从灵感中开出绚丽的火花吗?是的,那是生活通过你身边的环境传达给你的力量,逐渐拓宽你的人生,成就更加完满的你。

人之将死,其言也善;鸟之将亡,其鸣也哀。但有多少人在生命消失、肉体腐烂之前能把自我释放出来呢?(我们可以尽情藐视“死亡”这个概念,因为它根本不存在。)有些时候,生活引领你到广阔的天地,而不是你喜欢的任意一个角落,因而你妄自敲击生命之鼓,偏安于此,试图拒绝继续前行,拒绝任何进步和提高,但同时,你也感到异常沮丧。当你一旦故去,这两者之间的鸿沟不再是难以逾越的了。所以,我们希望你能记住,世界上本无死亡一说,当你体验到所谓的“死亡”,放弃思索,让脑袋萎缩,这才是死亡,它是你走向真我的人生之旅中惟一的路障。

因此,这就是我们组织这次工作坊的目的,告诉大家如何跨越两者之间的鸿沟：敞开心扉，全身心走向更完满的真我。放下偏执，不再负隅抵抗，让创世界的能量注满全身。与出生前的本源思想契合，拥抱日后更美满的人生；与纯洁积极的能量契合，鞭策我不断成为真正的自己。你感受到了吗？

如果你发现自己的人生尚未完满，时常感到不充实、不满足，那么你还没有放开脚步追求真我的步伐。

现在你已经了解到自己生于人世的历程。我们希望你能更深入地明白到，生命之轮循环不息的重要意义，从思想源泉到形体肉身，你的脑袋播种新欲求，不断发芽，开出的鲜花洋溢着春天的微笑。随着你慢慢了解到吸引力法则是生命循环不息的核心，你就开始知道自己的永恒本质。

我们都是永恒的，在思想的最前端，你不断开阔自己的人生，而真我马上就会实现你的欲求，这是何等美妙的事啊！在我们看来，这绝对是令人叹为观止，你呢？如果你能解开束缚，你也能感受到它的美好。但倘若生活迫使你扮演任何你不喜爱的角色，无论出于任何原因，所有的美好都将瞬间烟消云散。

在脑海中想象一下这样的场景：松开扁舟，放置于激流之上，坐在舟上的你紧握船桨，逆流而上，奋力拨动翻腾的河水前行。此时，我们对你说："为何不随着河流的方向，顺其自然？"

大多数人都会回答说："老实讲，我从来没有这样的念头，所有我认识的人都为实现自己的目标全力以赴。如果我不这样做的话，就未免会显得太懒惰了。"（笑）

"因此，我做好一切准备。我有坚固的船，好使的船桨，看到了吗？它们正停泊在边上。我还有一双厚的毛手套，结实的肌肉，更重要的是我有不可动摇的决心……这是从我母亲那儿遗传到的优良传统（笑），我们家代代相传的好品质。这就是我做的准备功夫，我将会加倍努力的。"

我们对你说:“你能坚持多久呢?”

“天地合,江水竭,直到我死为止。尽管我不知道这到底要多久,10 年还是 20 年,可是你看,世人的歌颂、座座矗立的丰碑都是为了纪念那些奋力拼搏的人而建的(笑),而我将会是他们中的一员。”你还会继续向我们“絮叨”,许多奋斗一生的人在死后甚至获得了人们最崇高的赞赏。(笑)

你绞尽脑汁,让我们确信你搏击于浪花之间是一件多么正确的事。当然,我们会细心聆听,因为我们理解你。但是我们最终也要打断你的自我陶醉,告诉你一些我们希望你能了解的事,以我们对万事万物的了解,逆流而上是徒劳无功的,这样做并不能得到任何你想得到的东西。

你也许会好奇,为什么我们会了解这么多。因为我们了解生命的巨轮,我们早在你出生之前就认识了你。我们了解生活激发你不断产生各种欲求。我们了解你内在的本源正在回应你欲求的呼唤,并与之产生共振。我们了解吸引力法则正回应那强大、令人惊动的共振,这就是生命之流的源动力。

不久之前,有一名女士在与孩子共进午餐后参加我们的活动。在现场,她向我们提出了一个问题,她说:“我的孩子让我请教你们‘为什么成年人的脾气总是那么暴躁’。”我们回答道:“因为当你日益年长,你越能看清令人烦恼的杂乱之事。在人生的路上越走越远,你会慢慢清楚自己会为哪些美景停留,或者只在哪些风景之前一晃而过。你越能看到自己不想要的是什么,于是你厉声拒绝。而你越是拒绝,你与生命之流的搏击也愈发激烈。”

杰瑞和埃斯特在数周前就曾有过这样激动人心的体会,当时他们正要乘着白色的木筏畅游在科罗拉多州的大河上。那条大河水流湍急,能评上四颗星,仿佛汹涌的河水随时能淹没这个世界。在他们和其他的游客一起驱车前往的时候,他们沿着河岸望过去,木筏在汹涌起伏的水流中颠簸摇晃,杰瑞和埃斯特顿时大喊:"我们怎么会要来这个地方,当时我们肯定疯了。"

怒吼着的河水滔滔不绝,咆哮而下,拍打在桥头岸边嶙峋的巨石上激起千层巨浪,花白的浪潮泛起层层泡沫,似乎一放下木筏就要溅起浪花一样。(他们一行6人坐在一个木筏上,河道里还有许多木筏,都是参加同一个旅游公司的游客,而那些游客都是高中摔跤队的学生。邀请他俩来玩的老朋友在出发前,女儿还担心地问道:"你有没有告诉别人你们一行人加起来有多少岁?")……亲眼所见,要在这儿逆流而上是完全不可能的事。不过这个念头也完全没有在他们的脑袋中闪现过,因为他们明白眼前这怒吼着的潮水是不允许任何人挑战它的权威的。他们的激流教练,在木筏上教他们如何使用工具,说道:"朋友们,这里不是迪士尼乐园,我们不能改变河流的方向。"他继续告诉他们原因,因为他了解大自然的力量,了解这河流的威力。他指了指旁边层层相叠的巨石,正狰狞得发青,说道:"我不希望我们的木筏会陷进石头的缝隙中,否则,我们会船翻人亡。"他让大家查看已经签署好的生死状,第五页第三段表明了以上行为的危险性,一旦发生事故,生存的希望基本为零。(笑)埃斯特还没有看完,读到第一段的时候就说:"我相信你的话。"

我们之所以在这里提及这个事件,就是想大家明白,各位的生命之流就是这般的凶险。你不能改变河水流动的方向。在你出生之前,河流已经开始流动了,你活得越久,河流就越湍急。因为你每一段的人生经历都令你产生新的渴求,你每一朵欲求之花,本源能量都将会把它绽放,并成为丰硕的果实;而吸引力法则也会与之产生共振,每一次与成长中的你产生共振,跃动的音符使这首生命之歌更加慷慨激昂,你的生命之流将更加汹涌澎湃。

在你10岁、20岁的时候，你可以抱有同样的负面情绪，你可以用悲观的视角来观察世界，你甚至可以把自己封闭在小世界里，永不改变。但是10年、20年甚至50年之后，这些“冥顽不灵”的负面情绪将把你的人生陷进一个更致命的旋涡中，因为你的生命之流会变得更加汹涌澎湃，它时刻在变化，时而化作怒吼的狮子，时而伸出水蛇般的长舌。因此，如果你用尽全力去争取你根本不想要的东西，那么，你内心的振动将会更加猛烈，你的欲求也变得更加强烈。

在上述的例子中，我们可以发现，当你在让生命之流加速向前的时候，那么你也在逆流而上。这就是负性的情绪，这就是负性的触觉，就是病态的反舒适心理。

其实，小孩在生病的时候也在体验疾病，因为生命想让他们知道，那些自觉得不可以获得的事物是触手可及的。当你对世界感到无力、失控的时候，当你所渴求的珍宝似乎遥不可及的时候，你有一个信条在脑际闪现：我不能得到想要的东西，这样你就把自己陷入了“不可实现”的角落中，而由此在你内心引发的“能量——智慧”拔河赛也随即展开，无论谁胜谁负，受折磨的都是你自己。

现在，我们告诉你，不要绝望，因为无论你身处何地，无时无刻，你都可以选择掉转船头，改变航行的方向，只需要松开船桨，生命之流就会带领你向前。

有时，当你听到我们“大肆渲染”让人快乐的这些正面情绪——欣赏、爱、快乐和激情，它们慢慢地开始由你心中堆积起来，你不禁会思考，在这种情况下，无论要做出多少牺牲，也应该掉转船头，顺其自然，然后在船里装上马达，开足马力，尽早到达快乐的彼岸。

我们也希望你能尽早到达，感受空气中洋溢的快乐。但我们也知道生命之流的力量，欲速则不达。不需要急着到达终点。只要你停止搏击河水，顺其自然，终有一日，生命之流会承载着鲜花小船着陆在快乐的热土。

你也不需要进行非此则彼的痛苦选择。也许你的生活起了波澜，也许是你的亲密爱人发生了什么事，又或许你无从获得想要的东西，因而感到沮丧、愤怒甚至是恐惧。总之，你心中充满了这些负面情绪，但是带着沉重的情绪包袱，你不能立马掉转船头，改变航道，加速前进，到达快乐的国度。你不能这样做，也不需要这样做。只要舍弃船桨，生命之流就承载轻舟，穿越万重高山。

人生就如坐云霄飞车，有高峰也有低谷，有加速也有慢行，而每一次的变化都足以引起你的尖叫。情绪也是如此，从失落、沮丧到恐惧，负面情绪一路加速上升，脉搏也随之在体内敲击到顶点，然后，在高峰停留三秒，从报复、愤怒再到盛怒、挫败，绝望透顶到悲伤满怀，加速下落的心跌入谷底，落进冰冷的河水。然而，再黑暗的谷底也有阳光的尘埃飞舞。云霄飞车缓缓向上爬行，从希望、乐观到信任，心跳慢慢平静下来，从理解、博爱到快乐，这颗心已经完全融入蓝天之中，在云端载歌载舞。在这次云霄飞车的旅程中，还有更多的情绪站点，但只有一站对你来说是必经的，也是我们日以继夜鼓舞你前往的。下一站，是彩虹，释放自己就能看到七色彩虹。

当你感到绝望或者恐惧或者是其他的负面情绪时，你会找一些出口来排解这些浓重的情绪，于是你就想要报复，用报复来稀释自己的痛苦，转移负面情绪以达到自我释放。可是，你身边的亲友，特别是与你起居饮食的亲友，不希望你变成这样。他们宁愿你独自在角落里悲伤，至少这样的话你不会惹麻烦。（笑）

不过，如果你真的感受过恐惧和绝望的滋味，你就会发现，报复所带给你的解脱，就像是密闭空间里的一丝新鲜空气。你知道那一刻，你的确在释放自我。

我们并不是鼓动你去报复他人，随着生命之流滔滔向东流，报复也最终会成为上游中一点点溅起的浪花。这种想法是否很有趣？现在你感到绝望，只要你释放引起绝望的情绪，生命之流就能流淌于你的身体之中，净化你的身心。但如果你坚持逆流，坚持封锁你的情绪，生命之流会不断拍打你的后背，令你最终回头。因此，从报复到盛怒，你释放了一些负面情绪；从盛怒到挫败，你也会释放一些负面情绪；从挫败到希望，你再释放更多的负面情绪。你感受到了吗？

假设，你决心要紧握船桨，奋力拼搏，尤其在你极度渴望摘取胜利的果实，却又无从下手的时候，你会紧握船桨前行。你以为顺其自然，其实这样执著已经令你不自觉地在逆流而上。

当人们尝试治疗伤痛的时候，他们会选择逆流；当人们想要改变生活的时候，他们会选择逆流。他们声称："我为我的理想奋斗。"于是他们逆流而上。这里面，尝试和企图得到想要的东西，这种态度令你逆流而上。这和释放自我是背道而驰的。你也许觉得这是一种降服，但我们不认为这是对欲求的卑躬屈膝。因为欲求是永恒存在的，没有欲求，人生就没有前进的空间和动力了，生活就像是失去了阳光的鲜花，从此凋谢了。生活的美好让你不自觉地想要更多，而你不能对欲求置之不理。你不能这样做。你可以不断改变自己的愿望，但与此同时，它也在不断地扩张，而你的生命之流也越发汹涌奔腾。我们热爱每一个生命体，所以你必须知道，要获得快乐，除了顺其自然，你别无选择。

死亡，有时候是一件令人兴奋的乐事，因为脱离了肉体的束缚，你才能释放自我，那是多么美妙的事！乘虚御风，翱翔于浪潮之上,瞬间纯洁积极的能量再次注入到你的生活中,让你成为真正的自我。在肉身中与真我契合,这将是多么有趣啊!我们的下一代会在你的世界里受益匪浅。身处和平盛世的你不愿意看到战火纷飞,于是你祈求世界和平;在幸福蜜罐中长大的你不愿看见有人挨饿受冷,于是你慷慨解囊;你的生活与家人、邻居、祖国都息息相关,你的小世界因此而经常开出愿望之花,而你和你的人生经验也在永恒中不断成长、增加。这其中的道理,大部分的人还没有了解到。永恒的向前变化是由你的肉身和灵魂发出共振所触发的,你感受到了吗?

这就是为什么婴儿生来就会看电视(笑),知道互联网,对一切新奇的玩意儿了如指掌。因为他们生于事物的思想最前端,他们没有任何束缚。这就产生了所谓的代沟。准确地说,这条代沟是能量的代沟,而他们没有受到任何鸿沟的束缚。因此,我们想要告诉你,敞开心扉的艺术,随遇而安的态度能让你明白如何成为真正的自己。当你真的做到敞开心扉,拥抱世界,那么你的人生将会充满激情!

你能想象杰瑞和埃斯特怎么样和他们的激流教练说吗?他们说:“我们在哪儿上船呢?”

教练回答说:“下游的几十英里处,柯林斯堡的附近。”

然后埃斯特对他说:“我们有个好主意,把木筏放回车上,我们一起驾车到距离终点几百英尺的地方再下船,这样不是更加刺激吗?”

教练说:“哈哈,随便你怎么想吧。主意多多的女士(笑),我想你是想要征服浪潮吧。”

我们借教练的口说出了将要告诉你的想法:你是想要征服浪潮吧。你也许会说:“是的,我的确这样想,我只是不希望自己在10年、20年甚至是50年之后依然一无所有。一个人到底要经历多少时光才能获得自己想要的东西呢?”我们的答案就是:不需要一分一秒的时间,只要你愿意顺其自然。否则的话,即使你耗费一生的时间苦苦挣扎,你也不能得到想要的珍宝。

所谓“永远”是就一个人的生命而言的。你可以拼命把自己与真我割裂开来,然后参加网上的这些心理激励小组(笑)。不过,你必须得加入那些能教你如何握紧双桨、不断奋斗向前、永不退缩的团体才好。当你夜里入睡的时候,猜有什么事情发生?你的人生之舟会偷偷地转向,嘎吱嘎吱的。第二天你醒过来的时候就继续划呀划,累了就倒头又睡了,然后船在夜里又偷偷地转向,第三天你醒来之后又继续划呀划,没完没了。(笑)而你是纯洁积极的思想能量。你有属于自己的一条生命之流,然后在母亲的肚子里成形。怀胎十月,母亲千辛万苦终于生下了你,此刻你内心不禁有所颤动,在往后漫长的人生岁月中,你慢慢会发觉,这个世界到处充斥着混乱和忧伤,令你和内在的真我渐行渐远。

然后,你不断在风霜雨露中成长,你希望能有更加精彩的人生、更丰富的人生阅历,不愿做井底之蛙。于是,你参加了各种的团体,他们教你冥想,让你学会平复自己的情绪。当你内心平静的时候,你就会停止思索,不钻牛角尖,当你不再钻牛角尖,你就不会产生抵触的情绪——这样,与真我的距离就慢慢地拉近了。一旦你结束冥想,在生活中与他人争吵,距离又拉开了。如果你称赞他人,距离就又拉近了。如果你挑别人的毛病,找别人的错处,距离就又拉开了。在这一张一合中,你会发现欣赏等积极的情绪会有助于拉近距离,而批评等负面情绪则反之。因此,每时每刻,你都谨记,距离的远近在于你的情绪、你的思索过程。

随顺的艺术就是关注你的内心感受。这样你才能了解到自己与真我之间的距离,然后指引自我走出抵触的负面情绪,将其悉数释放。你不需要建立如何正面的情绪体系，只要停止抱怨让你烦心的事就可以了。

杰瑞和埃斯特驾了一辆足足有45英尺长的大车，埃斯特通常做司机，而杰瑞就坐在后头做自己的事，要不就研究什么计划，看视频或者其他东西。因为他远远地坐在后面，埃斯特想要和他说话的时候就不得不按汽车的喇叭，但即使把汽车的喇叭按得嗡嗡大叫，甚至连经过的汽车都吓得要躲进路旁的灌木丛了(笑)，杰瑞有时候还是听不到，因为他正戴着耳机或者塞了棉花什么的在耳朵里呢。

于是，埃斯特发现了身旁有个按钮，只要她一按，汽车里面的灯就全亮了，再按，又全熄灭了。结果，当杰瑞看到这些灯都亮了，就知道埃斯特有话要跟他说了。

杰瑞马上停下手上的工作，坐到汽车的前方，对身旁的埃斯特说："你有什么要对我说的吗？"埃斯特说："没有什么，只是一些逆流式的想法。"(笑)

花了好大的工夫才让杰瑞坐在身旁。他一坐下，旁边的埃斯特就脱口而出地说了。杰瑞也许会同意她的说法，不过这会令事情变得更糟。如果杰瑞不同意她的说法，埃斯特就会更加努力地阐明自己的观点，说服杰瑞。在现实生活中，一旦你表示了自己的反对意见，对方要不就同意你的观点，要不就反对，这样你会更加执著，孜孜不倦地阐明自己的观点，证明自己是对的。倘若你发表了"逆流式的观点"，你会变得越来越强硬和执著。但请稍息片刻，平复自己的心情，问问自己，这是逆流式的思维还是顺流式的？内在的自我也持有相同的观点吗？不，似乎都不是。那么这个观点，内在的自我会赞同吗？这样，你就马上能感受到内心的呼唤了。这需要一点练习，每一次慢慢地练习，才能达到。不过，在你了解之前，对内心的颤动和共振使你会变得越来越敏感,你希望好好运用它们来指引你人生的方向。

这个世界,人性各异,思绪更是万千,自己的思绪,从过去到现在都难以理清,一室之内的人想法也是各异。即使是同坐汽车,同住社区,同一政见,同一信仰,你也不能理清他人的思绪。与其纠缠于这些复杂得让人发疯的思绪之中,倒不如聆听自我的心声,听听他们口中的世界是怎样的。你可以感受到更加成熟的自己,当你全身感受到这种情绪,并逐渐紧挨它的身旁,你会感到一种自我的释放。

你放开船桨的瞬间,大部分的抵触就自然地消退了,即使你还要经历一段时间顺其自然,才能获得你想要的东西。你打开心扉的瞬间,大部分身体上或者精神上的疼痛也渐渐消退了。我们并不是玩笑,释放自我就是最好的治疗。与其四处问药,不如寻找打开内心枷锁的钥匙,你甚至不需要分辨到底是什么激起了你抵抗的情绪。

你不需要在思绪的迷宫中来回寻找,不需要重新回到原点,找出走错的脚步,你只需要释放自我。

那天,杰瑞和埃斯特在离开奥兰多前往布卡拉顿的路上,驾驶的时候埃斯特使用了导航系统,杰瑞突然说:“我觉得我们走错方向了。”

埃斯特看了看导航系统的屏幕,说:“我正按导航系统的指示走呢。”

杰瑞说:“它也会出错。”

埃斯特说:“我们尽管按照它的指示走,看它能带我们到哪里。”

果然就像杰瑞说的那样,他们走错方向了。它带他们到了收费站,那完全是错误的方向。于是他们出了4号州际公路,往前走了一段路之后就马上掉头,绕过收费站,重走别的路。这足足花了十分钟的时间。杰瑞在后座不禁笑了起来,不出他所料嘛。

这时,埃斯特说:“我在想,到底是机器出了问题,还是我的理解有问题,它明明显示‘你的位置在此,这是最优路径’。”

埃斯特真的感到很迷惑:“是机器傻了,还是我疯了?”她对杰瑞说:“你知道什么是最有趣的吗?我们可以回到原点,按指示重新走一遍,看到底是哪里出错了。”

杰瑞说:“或者我们就沿着正确的方向走就是了。”(笑)

这十足是小说的情节。直接从现在的位置出发,不重回原点,找出走错的地方,不找出到底是谁犯了错误,谁应该接受惩罚。你也许会怀疑,真的要这样?我们坚定地告诉你,是的,我们只是希望你能沿着正确的方向走下去。

你把船放在生命之流的任何一处,知道吗?你就成为了此处的风景。这真的很具有鼓舞作用:此处的风景就是真我的风采。或者说,此处的风景就是真我的风采,这样真好。的确,这不仅仅是好,不仅仅是足够好,因为你现处此地,此刻的风景是你眼中的全部。退一步说,你还没有看到其他的景色,所以你必须挖掘此刻此处的美:此处的风景展现了真我的风采。(这种感觉很好,不是吗?)

“此处的风景是真我的风采,我感觉很好。”为什么感觉好呢?

“因为此处的风景是真我的风采,我感觉很好。”为什么感觉好呢?

“因为我别无选择,所以我得适应它,我只看见眼前的风景,所以它是真我的风采。”

“也许我在此处看见了病魔肆虐的痛苦,也许我在此处看见身体安康的幸福,也许我看见家家户户生活殷实,也许我看到路有冻死骨，也许树旁的夫妻正要离婚，也许月下的情侣正沐浴爱河。无论此处是何种风景，无论这里正在发生什么事情，我都能接受，这里都是我的真我风采。这样的感觉真好，因为我感到满足。"这还需要一定的时间适应。（笑）

在这里，我们想要告诉大家："此处的风景是真我的风采，我感到很满足。当下，只有一种情绪是至关重要的——释放自我。此刻，这里的风景就是真我的风采，我感觉很好，因为我很满足。它就是我的所有，是我眼中的所有。我有个强大美妙的选择：逆流或是顺流！"

"昨天的心情如狂风怒吼，忧郁得只有黑夜能躲藏；今天的心情是雨后的彩虹，影子都藏在阳光的背后。无论是怎样的心情，我都一一接受，因为这都是我的财富。我感到很满足，因为无论我在哪里，我获得了顺流式的思维。无论我身在何处，我都有了顺流式的思维。而现在，无论我在任何一个角落，无论眼前发生了什么事，我都获得了顺流式的思维……"你知道吗，你已经慢慢地顺着生命之流前进了？

现在你开始了顺其自然的旅程。因为你想要的一切都在顺流的彼岸，你开始朝着欲求的方向前进。你所期待得到的珍宝将在下一秒出现在你的眼前，因为你人生路上惟一的障碍就是逆流而上的浪潮。

当我们俯瞰这个世界的时候，你知道最令人兴奋的事情是什么吗？这也是往生者看到最迷人的景象之一：我们的生命之流。生命的长河是如此的壮丽，它浩浩荡荡地带领你前往幸福的梦幻地，最终实现你的愿望。尽早找出顺流的奥秘，尽早开启你顺流的旅程，那么你将更早到达终点。

许多人依然背对着向东奔腾的河水，一心逆流而上。即使你强壮有力，你还要奋力前行，因为幸福之流的河水是如此丰沛,能承载你的小舟游览全部的美景。可是你视而不见,你逆流而上,错失了烟花灿烂的大好时机,燃烧的火焰没有点燃你内心的共振。如果你处在一个身心放松的状态,相信未来,对生活充满了期待,那么一切都会变得更加容易理解,你能想象到这是怎么样的场景吗?

带着满怀的希望,你,强大的创造者出生到人间,你本身比肉眼所见的花花世界更为绚烂精彩。当你释放自我,敞开心扉,顺其自然,你将顷刻发现生命之流的强大力量。当你释放自我,解开现实的束缚,你将会挖掘到吸引力法则的强大力量,以及你自己的人生价值——永恒存在的个体。

对你而言,活着应该是一件美好的事,时刻感到心情舒畅,快乐满怀。生活应当令你感觉美妙。

你从来没有为此挣扎,但你为此感到疑窦丛生。因为矛盾源自生命之流的力量,矛盾让你在共振中获得所求,矛盾让你的生命如莲花般不断盛放。

"那么我应该怎样做,才能打破种种矛盾,从中受益,成为内在的真我?……时刻保持敏锐的触觉,对未来充满希望,接受生活中的酸甜苦辣,看清自己要什么不要什么,正视自己内在的情绪变化,时刻保持最快乐的心境。"

在你明白这些道理之前,生活的重重矛盾不会显得如此强烈。当你真正清楚自己不要什么,自然就清楚想要什么。但是你距离理想还有一段距离。因此,随着流水顺其自然,你会慢慢发现情况开始发生变化,矛盾渐渐得到缓解。

现在,对于那些喜欢生命时刻充满戏剧色彩的人来讲,他们也许不愿意采取如此温和的办法。那么,你可以走进矛盾的围城中,大喊我喜欢这样。你顺其自然,你就能得到心中的珍宝,我喜欢这样。你顺其自然,你就能得到心中的珍宝,我喜欢这样……

因此，你想要，你得到。你想要，你得到。你越想要，你越能得到。（让我们在心中默念）然而现实的状态却是：你想要，你得不到。你想要，你得不到。你越是想要，你越是得不到。

“我得不到。我得不到。我得不到。我得不到。或者说，你得不到。是的，你得不到。你得不到。你越是要，越是得不到。我眼睁睁地看着你得不到。你喜欢得不到的感觉吗？不喜欢，对吧？我也不喜欢。为什么别人得到了而我们却没有得到？我们应该加入一无所得小组，或者愿望落空小组。”你得不到的东西越多，你就越想要得到。你越絮絮叨叨地重复“我得到我得不到”的咒语，你就越想要得到。无形当中，你的生命之流也越流越湍急，汹涌澎湃。

你也许会说：“你知道吗，我感觉糟糕透了？”那是因为生命让你放逐于汹涌澎湃的生命之流上，而你加入的那些小组都没有教你如何顺其自然，你在把自己向两头撕裂。

你也许会说：“我知道，我去做身体检查了，照了 X 光，验了血。”是的，放松身心吧，把所有糟糕透顶的感觉通通释放出来，那么你慢慢就能感受到顺流的力量。

你有没有想过，你之所以没有被病魔牵着鼻子走，是因为你认真地思考过疾病是怎么一回事；而你生病的时候，之所以一直被病魔缠身，是因为你只是简单地想要生病。也许是你讨厌无聊烦人的工作，因此把疾病作为你的避难所。也许是你对生活感到不满足，因此把生病作为填充自我的手段。或者是因为 25 年前哪个人伤了你的心，背叛了你的人，那道伤口在你心中一直没有愈合，每天你都是在怨恨中度过，于是伤疤相反越长越大。或许是你执意要逆流而上，追求你并非真正想要的东西，可是生命之流不是迪士尼乐园，没有人可以改变它流动的方向，但你执意不改变生命之舟航行的方向。这就是生命的呼唤,本源能量的呼唤。

我们衷心地希望能帮助你摆脱现处困境。就像哆啦A梦帮助大雄一样,我们会用尽百宝袋里面的任何法宝,帮助你释放自我,消除抵触心理。要知道,那是惟一妨碍你寻找人生珍宝之旅的绊脚石。只要你愿意跨越现实与理想之间的鸿沟,无论有多少风雨,我们都愿意伴你同行。

你向我们提出的每一个问题,我们都耐心回答。因为每一个难题总有解决的办法,就像每一张误解的迷雾,都有划破迷雾的理解之光,每一团疑云,都有破除疑云的勇士之剑……这并不是因为我们真的是哆啦A梦,我们没有百宝袋,但是我们了解宇宙的法则,我们了解你是永恒的个体,我们知道生命之流的力量。更重要的是,我们看见你的未来一片光明。

你已经知道要怎么做了,对吗?你已经知道你就是自己小宇宙的创造者,是吗?你已经了解到你的肉身之内栖居了本源的能量,是吗?你来到这里是为了感受生命无限扩张的兴奋,是吗?而且你实实在在地感受到自己在扩张,仿佛在畅游蔚蓝大海般的舒适?你能够感觉到内心的颤动,那是你和真我的共振,对吗?那个曾经六神无主、魂魄不齐的你现在已经感受到生命真真切切地在眼前,是吗?

我们希望你能细心聆听这一番话:你心中所有的疑问已经找到了答案,你只要放开自我,勇敢地奔向它。你所处的进退维谷的困境已经打破,你不必继续在苦海中漂泊挣扎,你只要释放自我,勇敢地接受它。你只需要随顺生命之流,顺其自然,让河水静静地在身体里流淌,感受生命的价值,尊重它,因为这是生命,是生命之流。

你知道吗?现在的你,思想之花已开满在生命之树的每一处的枝头，而且还将永开不败，你感到兴奋吗？你感到有趣吗？（我们觉得很有趣）倘若你当下没有这样的感觉，当你往生的一刻，你将会体验到。然而，你也惊奇地发现，那些曾经让你在现实生活中作茧自缚的迷惘和忧伤，依然在伴随着成长中的你。

有一个朋友曾经对我们说："我想，你并不在乎我的爱人是否在这里。你只是想让我放心，因为我不会再担心他在别处乱晃。"是的，的确是这样。因为你看到他在这里的时候，你心情舒畅。你已经和内心的梦想契合了，所以你的爱人必须到场，可是直到你和梦想真正融为一体了，那么无论发生了什么，对你来讲，这个世界还是一样美好。

当你和梦想相隔万里之时，你会觉得世界是狰狞的，是王母娘娘特意拆散相爱的牛郎和织女。可是，当你找到了那与真我联接的鹊桥，你发现自己变成了勇士，任何的困难也不能阻止你前进，你不怕风雨雷电，不怕冰雪风霜。这个世界仿佛一片晴空，没有狂风在吹倒摇摇欲坠的索桥，没有怪兽在前路挑战，更没有其他王子要争夺你要拯救的睡美人。再也没有巨石能令你却步，没有任何野花让你分心，你一路前往，最终得到你要的珍宝。

你并不需要渴求别人施舍，将你心爱之物赐予你，你只要找到在此处释放自己的出口，只要你找到了，生命之流将在你身上缓缓流过，鲜花编织的小舟载你前往梦幻地。你的梦想正等着你，并对你呼唤，它们不断地唱起灵魂之歌，你的内心也不禁与之产生共振。连你身边走过的人也发现你头戴光环，像天使一样。

你成为了他们眼中的勇士，无需一言一语，跟随天地的开合，完满自己的人生；你成为了他们眼中的忍士，无论天地变幻，你依然能保持心境平和；你成为了他们眼中的乐观者，即使身处劣境，依然能保持微笑；他们甚至把你唤做“波莉安娜[①]”——一个极度盲目乐观的人。不过他们十分肯定，你在走着一条与众不同的人生道路。

更令他们惊奇的是，你一直梦寐以求的愿望竟然开始在你的生命中逐渐浮现，随着生命之流在慢慢流淌。还有那些你昨天才许下的愿望，现在也居然在河水中崭露头角了。他们不得不惊叹：“到底你遇到了什么神奇的经历？”

你微笑着说：“曾经有一条生命之流在我眼前流淌（笑），但我却没有发现，现在我意识到了它的价值，我不再理所当然地逆流而上，最终它流进了我的心房，和灵魂契合。”

他们诧异地说：“也就是说你要的东西都在那儿？”

你笑着回答：“不，不仅仅是这样，我每天都有新的愿望。”

他们不解地问道：“也就是说你现在并没有觉得满足，你的人生还没有完满？”

“不，终吾一生，我都在寻找完满。但我不是为实现梦想而生，我是为了梦想和向梦想前进而生。我不是为了征服爱人而生，我是为了寻找爱而生。这寻找的旅途是多么美妙啊！她，让我魂牵梦绕，但得不到她的恐惧也时常萦绕心头，无论如何，我会继续思念她。但是，这旅途也不是一路鲜花，也有荆棘满途的时候。”是的，坚信自己的梦想是生命的释放；怀疑自己的梦想是生命的悲剧。现在你明白自己是有选择的吧。

---

① “波莉安娜”为“pollyanna ”的音译。在字典里是极度乐观、盲目乐观的意思。《Pollyanna》是 Eeanor H. Porter 写的一部畅销小说，是儿童文学中的经典之作。该书的主人公 Pollyanna Whittier 是一个非常开朗、乐观的小女孩。她的人生哲学就是所谓的“快乐游戏”（The Glad Game）。她用这种乐观积极的态度看待自己并不美好的生活，同时影响了周围许多的人。由于该小说的巨大成功，使得 Pollyanna 这个单词进入到了英语语言中，它指那些积极乐观的而且经常保持慷慨大度之心的人。不过，它也可以指那些盲目乐观的人。

我们为你的随顺之旅感到兴奋。我们已经了解到了,它是多么的美妙。解开身上的枷锁,释放自己,全心全意地随顺生命之流的方向。当你到达快乐的梦幻地,找到自己的梦想时,你不禁说:“哦,原来你也在这里,我就知道你在这里。我可以感觉到。”

对你的爱永不停步
此刻,永远
我们在永恒中,快乐地寻找圆满

关于作者

杰瑞和埃斯特为亚伯拉罕灵修团精辟的语句、极具实用性的方法所折服，他们乐于向世人传达灵修的思想。从 1986 年起，他们开始与世人分享他们激动人心的亚伯拉罕灵修之旅，并以此作为终身的事业。

自从他俩发现了亚伯拉罕灵修的使用价值，看到他人在遇到财政困难、健康问题和人际关系纠结的时候，只要把亚伯拉罕的思想运用到实际生活中，都能有一一解决遇到的难题的成功，杰瑞和埃斯特决定要把亚伯拉罕的精神传播给更多有需要的人，帮助他们寻找更美好的生活。

他们把得克萨斯州的圣安东尼奥办公室作为基地，从 1989 年起，他们几乎每年都去了将近 50 个城市，把"随顺的艺术工作坊"带给活动的参与者，共同体现思想之流传遍身体的过程。尽管他们的活动赢得了广泛的关注，幸福的哲理得到了前卫的思考者以及教师的广泛认可，他们也把亚伯拉罕灵修的精神融入到自己的畅销书、讲座以及其他的文稿当中，但是最基础的灵修材料却一直在人们当中口耳相传，人们也逐渐发现这些精神在现实生活中实践的价值。

亚伯拉罕灵修团是一群无形的力量导师，通过埃斯特他们把自己广阔的世界观展现出来。他们的言语浅显易懂，主题通常围绕爱、随顺和才能，通常以出版的散文和录音文稿发表。他们指引我们与内在的真我契合,从真我中提高自我的价值。

希斯夫妇已经出版了超过800多本亚伯拉罕灵修团的书籍、录音带、CD和DVD。如想和希斯夫妇交流,请登录我们的互动网站:www. abraham - hicks. com;或写信到亚伯拉罕—希斯的刊物办公室:得克萨斯州,圣安东尼奥市,邮政信箱690070号,邮政编码78269。